# Actividades prácticas sobre ciencias naturales para educación primaria

# Actividades prácticas sobre ciencias naturales para educación primaria

Cristina Valls Bautista
Anna Borrull Riera
María Isabel Araque Granados

**Actividades prácticas sobre ciencias naturales para educación primaria**

Primera edición: 2024

ISBN: 9788419786371
Depósito legal: SE 1087-2024

© de los textos:
Cristina Valls Bautista, Anna Borrull Riera, María Isabel Araque Granados

© de esta edición:
Editorial Aula Magna, 2024. McGraw-Hill Interamericana de España S.L.
editorialaulamagna.com
info@editorialaulamagna.com

Impreso en España – Printed in Spain

# Índice

# 1.

# Introducción

## 1.1. Justificación y contextualización

En la mayoría de las aulas las ciencias se enseñan mediante el aprendizaje de conceptos teóricos a través de los libros de texto. Pero es importante que el alumnado «aprenda ciencia haciendo ciencia»: esto implica que deben realizar actividades prácticas. Estas actividades llevadas a cabo en el laboratorio pueden ser demostraciones o indagaciones (más adelante hablaremos de sus diferencias). El alumnado debe aprender ciencia de la misma manera que los científicos generan el conocimiento científico, mediante actividades prácticas que impliquen el método científico o método de indagación o, al menos, que impliquen una participación activa por parte del alumnado.

La indagación científica (aplicación del método científico en las actividades de aula) es la forma en que los científicos estudian la naturaleza y explican sus resultados y conclusiones con base en las evidencias de su investigación. El aprendizaje basado en la indagación se ha reconocido como una de las metodologías más adecuadas para llevar la ciencia a las aulas como metodología de enseñanza y aprendizaje.

Las actividades de indagación son una forma excelente para que el alumnado entienda el mundo natural que les rodea de manera activa y desarrolle el pensamiento científico. La enseñanza de las ciencias en las aulas debe generar una actitud proactiva por parte del alumnado para lograr:

- Mejorar la imagen y actitud del alumnado hacia la ciencia.
- Contribuir a la alfabetización científica.
- Despertar vocaciones científicas.

La aplicación de la indagación en el aula permite que el alumnado participe activamente en el desarrollo de la comprensión del mundo natural, abordando preguntas, diseñando y realizando investigaciones científicas e interpretando los resultados para generar explicaciones a fenómenos naturales. En la tabla 1 se explican las fases de la indagación y la implicación del alumnado en ellas.

Tabla 1. Explicación de las etapas de una indagación.

### ETAPAS DE UNA INDAGACIÓN

**Formulación de la pregunta de investigación**
El docente plantea una situación inicial que debe ser resuelta a través de la indagación. El alumnado debe plantearse una pregunta que debe ser investigable y que permita resolver la situación inicial planteada.

**Redacción de las hipótesis**
La hipótesis debe ser elaborada por el alumnado y es la repuesta que este da a la pregunta de investigación formulada.

**Planificación del diseño experimental**
El alumnado, con la ayuda del docente, debe:
- Determinar la variable dependiente.
- Definir cómo se medirá la variable dependiente.
- Determinar la variable independiente (¿qué variable se modifica en el experimento?).
- Fijar aquellas variables que se deben controlar, es decir, que deberán mantenerse constantes a lo largo del experimento.
- Definir el protocolo a seguir para la realización del experimento.

**Experimentación y recogida de datos**
Se realiza la parte experimental y se anotan las medidas de la variable dependiente. Así como otras observaciones cualitativas que se crean interesantes.

**Análisis de los datos**
Se refiere al tratamiento numérico, gráfico o informático de los datos obtenidos.

**Elaboración de las conclusiones**
Mediante el análisis de los resultados se elaboran las conclusiones que permiten dar respuesta a la pregunta de investigación y aceptar o refutar la hipótesis planteada.

La figura 1 muestra las habilidades científicas que se desarrollan a través de las actividades de indagación. Los científicos usan la indagación para resolver los problemas que investigan, analizan los resultados de sus experimentos y contribuyen a la construcción del conocimiento.

Plantear una pregunta investigable.

Formular hipótesis.

Diseñar el proceso experimental y determinar las variables.

Experimentar y recoger datos.

Analizar e interpretar los datos.

Generar conclusiones apropiadas acorde con la pregunta de investigación.

**Figura 1.** Esquema de las habilidades científicas implicadas en el proceso de indagación.

Por todo ello y por el carácter curioso del alumnado de educación primaria y secundaria, este libro presenta a través de actividades indagatorias, un modelo de inmersión en la ciencia de manera práctica y dinámica, con objetivos claros y explicaciones sencillas para poder ser desarrolladas en cualquier ámbito educativo. Pretendemos que este pequeño manual de actividades prácticas de laboratorio sea una herramienta para fomentar la investigación y las habilidades científicas en el alumnado de educación primaria y secundaria.

Las actividades prácticas que a menudo se llevan a cabo en el laboratorio se pueden categorizar principalmente en indagaciones y demostraciones (tabla 2). Las indagaciones se caracterizan por la identificación de una variable dependiente, que es aquello que se mide, y está influenciada por una variable independiente, la cual el investigador decide modificar (para determinar si tienen alguna incidencia o efecto sobre la variable dependiente). Estas actividades requieren que el alumnado tome datos, los analice y, a partir de ellos, proporcione una explicación científica. Además, las indagaciones ofrecen la oportunidad de que el alumnado se involucre activamente en el diseño experimental, elija entre diferentes variables y trabaje de manera crítica. Sin embargo, es importante señalar que, aunque tienen un valor añadido, no todas las prácticas pueden adaptarse al formato de indagación. Por otro lado, en las demostraciones es posible que se identifique la variable dependiente, pero no se modifica ninguna variable independiente. A pesar de esta diferencia fundamental con las indagaciones, las demostraciones tienen su propio conjunto de beneficios en el proceso educativo. Uno de sus principales atractivos es que ofrecen una experiencia vivencial que es compartida por todo el alumnado. Esto permite que un tema se contextualice de manera uniforme para toda la clase, garantizando que todos los alumnos tengan una base común de comprensión.

En conclusión, tanto las indagaciones como las demostraciones tienen un papel crucial en el aula. Es esencial que el profesorado de educación primaria comprenda y utilice ambas modalidades (según los objetivos de aprendizaje fijados) para maximizar el aprendizaje y la participación del alumnado.

A continuación, se exponen las principales diferencias entre indagación y demostración con ejemplos sencillos:

**Demostración**: Imagina que pones una flor de pétalos blancos en un jarrón con agua y colorante. Con el tiempo, los pétalos toman el color del agua. Esto muestra cómo el agua viaja por la planta, un fenómeno llamado capilaridad. Esta actividad es solo una demostración y no puede convertirse en indagación.

**Demostración que puede convertirse en una indagación**: Piensa en un experimento donde mezclas agua, azúcar y levaduras en una botella y luego pones un globo en la boca de la botella. El globo se inflará porque las levaduras producen gas al metabolizar el azúcar. Esto es una demostración que muestra que las levaduras llevan a cabo una reacción de fermentación.

Pero ¿y si cambiamos algunas cosas en esta demostración? Podemos:

- Usar diferentes cantidades de azúcar.
- Probar el azúcar y además otro alimento, como caldo.
- Probar con diferentes temperaturas.
- Usar diferentes tipos de levaduras.
- Usar levadura seca y levadura fresca.

Todos estos aspectos que se pueden modificar en este experimento corresponden a la variable independiente. En cada experimento solo podemos modificar uno de ellos. Es decir, si se decide probar diferentes temperaturas, entonces la variable independiente será la temperatura (se deberá decidir que temperaturas se van a testar). Las demás variables se fijarán (se escogerá un tipo de levadura, una cantidad de azúcar . . . ). Las variables que se fijan en un experimento se llaman «variables de control», y se fijan para poder determinar si la variable independiente tiene algún efecto sobre la variable dependiente. En este ejemplo, la variable dependiente es la velocidad de la reacción de fermentación. Por tanto, la pregunta de investigación que se desea responder es: ¿la temperatura afecta a la velocidad de reacción de la fermentación? Como se puede observar, ambas variables (dependiente e independiente) aparecen en la pregunta de investigación.

A continuación, en la tabla 2 se muestran las diferencias entre una indagación y una demostración mediante un ejemplo.

**Tabla 2.** Ejemplo de una práctica indagatoria y una demostración que podemos realizar a partir del estudio de la fermentación alcohólica con el uso de levadura.

| Indagación | Demostración |
|---|---|
| Determinar si la cantidad de azúcar en una fermentación afecta a la velocidad de la reacción. | Observar que, si mezclamos agua y azúcar con levaduras, estas fermentan. |
| Pondremos dos o más recipientes con diferentes cantidades de azúcar. Añadiremos la misma cantidad y tipo tanto de agua como de levadura y pondremos un globo en la boca de cada una de las botellas. | En una botella pondremos agua, azúcar y levadura, taparemos la boca de la botella con un globo. |
| **Variable dependiente:** El hecho de que el globo se infle más o menos rápido. **Variable independiente:** La cantidad de azúcar. | **Variable dependiente:** El hecho de que el globo se infle o no. **No tenemos variable independiente.** |

Este libro ofrece una colección de actividades indagatorias y demostraciones adecuadas para educación primaria, y que son fácilmente adaptables a otros niveles educativos. Como docentes de ciencias experimentales, vemos el valor de incorporar actividades de laboratorio en los procesos de enseñanza-aprendizaje. Aunque la docencia de las ciencias puede ser en ocasiones teórica, es esencial complementarla con experiencias prácticas en el laboratorio que refuercen el aprendizaje y que permitan desarrollar las habilidades científicas.

Las actividades prácticas propuestas pretenden estar en sintonía con la teoría, ofreciendo la posibilidad de iniciar un tema con una demostración o actividad indagatoria. Las actividades prácticas que se plantean no son simples protocolos con pasos a seguir, sino oportunidades para que el alumnado se involucre activamente, se haga preguntas y proponga sus diseños experimentales para intentar responderlas.

En total, el libro presenta 16 actividades prácticas sobre microorganismos, plantas o animales. Algunas de ellas se pueden llevar a cabo como una indagación mientras que otras son demostraciones. Las indagaciones se pueden adaptar y personalizar según los intereses del docente o del alumnado, ofreciendo una variedad de enfoques para cada una de ellas.

# 1.2. Personalización de las prácticas

Para que sea más fácil la personalización de las prácticas que presentamos, os ofrecemos el recurso de las etiquetas (*hashtags*). Iréis encontrando dichas etiquetas a lo largo del libro. A continuación, describimos qué información o ayuda os puede aportar cada una de ellas:

- *#ESCOGE:* A través de esta etiqueta os proponemos las diferentes variables que pueden ser modificadas en función del objetivo que busquemos en cada práctica. El docente puede escoger entre distintas variables en función del temario que quiera trabajar. O bien puede ser el propio alumnado el que escoja las variables a estudiar en función de sus intereses, cosa que les dará más autonomía y les hará protagonistas en el proceso de enseñanza-aprendizaje.
- *#COMPRUÉBALO:* Pequeñas tareas que permiten comprobar que las instrucciones que se dan en los protocolos se han diseñado de esta forma para optimizar el proceso y para que la práctica tenga éxito.
- *#OJO:* Son aspectos importantes y que se deben tener en cuenta para que la práctica se lleve a cabo correctamente.
- *#OJOALDATO:* Datos curiosos o información muy corta que puede interesar y motivar al alumnado.
- *#PARASABERMÁS:* Amplia la información para que el alumnado comprenda la teoría que hay detrás de la práctica y para que el docente pueda profundizar más en el tema.

**Leyenda:**

(i): indagación
(d): demostración
(o): observación

En cada una de las actividades prácticas se ha identificado el tipo de actividad, si es una indagación, una demostración o bien una observación. En algunos casos, en función del nivel educativo del alumnado, la actividad se puede llevar a cabo como una demostración o como una indagación.

## 1.3. Adecuación al currículum

Para justificar la adecuación al currículum de las actividades presentadas en este libro, nos basaremos en el publicado por el *Departament d'Ensenyament de la Generalitat de Catalunya*, modificado de acuerdo con la nueva ley LOMLOE. Este currículum en concreto se presenta a modo de ejemplo, entendiendo que actualmente se incluye la implementación de la indagación en las aulas en otros currículums.

En este currículum educativo, se presentan los contenidos de la materia de conocimiento del medio natural, social y cultural divididos en bloques. El bloque de cultura científica pretende que el alumnado desarrolle destrezas y estrategias propias del pensamiento científico ( . . . ). De esta manera, se inicia en los principios básicos del método científico, que propicia la indagación y el descubrimiento del mundo que nos rodea, valorando el impacto de la ciencia en nuestra sociedad ( . . . ).

Tabla 3. Resumen de los contenidos que se desarrollan en el área del conocimiento del medio en cada uno de los ciclos de educación primaria (información extraída del Currículo de educación primaria de la Generalitat de Catalunya).

**Contenidos curriculares del área de conocimiento del medio relacionados con las prácticas indagatorias y demostrativas (Competencia Específica 2)**

| | Ciclo inicial | Ciclo medio | Ciclo superior |
|---|---|---|---|
| Iniciación a la actividad científica | Demostrar curiosidad, formular preguntas y realizar predicciones posibles para conocer objetos, hechos y fenómenos. | Demostrar curiosidad, formular preguntas investigables y realizar predicciones razonadas para conocer objetos, hechos y fenómenos. | Demostrar y mantener la curiosidad, formularse preguntas investigables y hacer predicciones razonadas sobre temas de actualidad relacionadas con el medio. |
| | Buscar información de fuentes seguras y fiables, seleccionadas de manera pautada para utilizarla en investigaciones relacionadas con el conocimiento del medio. | Buscar y seleccionar de forma autónoma información de diferentes fuentes seguras y fiables para utilizarla en las investigaciones relacionadas con el conocimiento del medio. | Buscar, seleccionar y contrastar información de fuentes seguras y fiables, para utilizarla en investigaciones relacionadas con el conocimiento del medio. |
| | Planificar experimentos con ayuda, usando técnicas de indagación, utilizando instrumentos simples de forma segura para registrar observaciones y los datos para responder a la pregunta planteada. | Realizar y diseñar experimentos sencillos, utilizando diferentes técnicas de indagación, utilizando de forma segura instrumentos para realizar observaciones, haciendo medidas precisas y registros para responder la pregunta planteada. | Diseñar y realizar experimentos, haciendo uso de la indagación seleccionando los instrumentos y dispositivos necesarios para hacer observaciones, tomar medidas precisas y decidiendo el tipo de registro a utilizar para responder a la pregunta planteada. |
| | Comparar i relacionar las informaciones y los resultados obtenidos de las predicciones realizadas para formular posibles respuestas a las cuestiones planteadas. | Comparar e interpretar la información, los datos obtenidos en la investigación y las predicciones realizadas para proponer respuestas posibles a las preguntas planteadas. | Analizar e interpretar la información, los datos obtenidos de la investigación y las predicciones realizadas para valorar la coherencia de posibles soluciones a las cuestiones planteadas. |
| | Comparar los resultados de las investigaciones realizadas de manera oral, corporal y gráfica explicando el proceso realizado con la ayuda de un guion. | Presentar los resultados de las investigaciones, utilizando diferentes formatos, utilizando un lenguaje adecuado. | Adaptar el formato y el mensaje a la audiencia al que va dirigido, haciendo uso también de dispositivos y recursos digitales, utilizando un lenguaje acurado y preciso para justificar los resultados obtenidos y el proceso de investigación realizado. |

El alumnado de educación primaria suele tener una fuerte curiosidad por lo que sucede en su entorno y disfruta explorando el mundo que le rodea. Por eso, en el plan de estudios se recomienda que, en el área de ciencias, el aprendizaje se base en situaciones cotidianas que despierten su interés. Esto se logra planteándoles preguntas y desafíos que les permitan descubrir por sí mismos y expresar sus opiniones libremente. Estas situaciones deben estar relacionadas con la realidad actual para que puedan observar y recopilar datos directamente. De esta manera, además de transmitir conocimientos, se fomenta el desarrollo de habilidades científicas y pensamiento crítico en el alumnado. El proceso de indagación se llevará a cabo de manera gradual (ver tabla 3), comenzando con experimentos guiados y permitiendo que el alumnado desarrolle cada vez más autonomía en su investigación, lo que promueve su pensamiento científico y les enseña a ser críticos, independientes y creativos.

## 1.4. Los seres vivos

Un ser vivo es un <u>organismo</u> que realiza las funciones vitales de alimentación, reproducción, y relación. Los seres vivos pueden ser unicelulares (formados de una sola célula) o pluricelulares (formados por muchas células) y abarcan una amplia variedad de organismos, desde microorganismos como las bacterias hasta las plantas, animales y seres humanos.

La clasificación de los seres vivos es un concepto que cambia continuamente a medida que avanzan las investigaciones científicas. Anteriormente, se basaba en la observación de organismos vivos y restos fósiles, hoy día, el <u>ADN</u> (ácido desoxirribonucleico) desempeña un papel fundamental, contiene la información genética que nos ayuda a comprender las relaciones evolutivas entre diferentes organismos.

En la tabla 4 se ilustra cómo ha ido cambiando la clasificación de los seres vivos, gracias a los avances tecnológicos que han permitido investigaciones a través de nuevas técnicas moleculares, sobre todo aquellas relacionadas con el estudio del ADN, que han avanzado a un ritmo frenético en los últimos años. Estos nuevos estudios han permitido clasificar de una forma más precisa los seres vivos.

Tabla 4. Evolución de la clasificación en reinos de los seres vivos.

| Autores | Linneo | Haeckel | Chatton | Coperland | Whittaker | Wose y col. | Cavalier-Smith | Ruggiero y col. |
|---|---|---|---|---|---|---|---|---|
| Año | 1735 | 1866 | 1925 | 1938 | 1969 | 1977 | 1998 | 2015 |
| Numero de reinos | 2 reinos | 3 reinos | 2 grupos | 4 reinos | 5 reinos | 3 dominios | 6 reinos | 7 reinos |
| Reinos | (no tratados) | Protista | Procariota | Monera | Monera | Archaea | Bacteria | Archaea |
| | | | | | | Bacteria | | Bacteria |
| | | | Eucariota | Protoctista | Protista | Eucarya | Protozoa | Protozoa |
| | | | | | | | Chromista | Chromista |
| | Vegetablilia | Plantae | | | Fungi | | Fungi | Fungi |
| | | | | Plantae | Plantae | | Plantae | Plantae |
| | Animalia | Animalia | | Animalia | Animalia | | Animalia | Animalia |

La división de los seres vivos en cinco reinos: animales, plantas, hongos, bacterias (conocidas como móneras) y protistas, se mantuvo a lo largo de muchos años. Gracias a investigaciones recientes lideradas por Michael A. Ruggiero y su equipo en 2015, las bacterias y arqueas se clasifican en reinos separados y se segmenta a los protistas en dos grupos, denominados cromistas y protozoos. Esta actualización nos presenta siete reinos para organizar y entender mejor la diversidad de la vida en nuestro planeta. En la figura 2 se muestra un representante para cada reino.

Los reinos *archaea* y bacteria habían sido uno solo hasta hace muy poco tiempo, si se observa su aspecto (figura 2) se puede pensar que son miembros de un mismo reino, pero se hallan entre sí algunas diferencias, por ejemplo, que las bacterias tienen peptidoglicanos en su membrana, mientras que estos no están presentes en los organismos del reino *archaea*. Otra diferencia muy interesante es que los genes de los organismos *archaea* son mucho más similares a los genes de las células eucariotas que a los de las bacterias.

La última clasificación de los seres vivos del año 2015 tiene en cuenta las más recientes investigaciones relacionadas con el ADN y es, por tanto, una clasificación más precisa. Aun así, la clasificación de Whittaker en 5 reinos sigue siendo ampliamente aceptada, de hecho, sigue en los libros de texto. Es importante mantener a nuestro alumnado actualizado con los últimos descubrimientos científicos, por eso nos parece interesante proporcionar la información de cómo ha ido evolucionando la clasificación de los organismos a lo largo de los años.

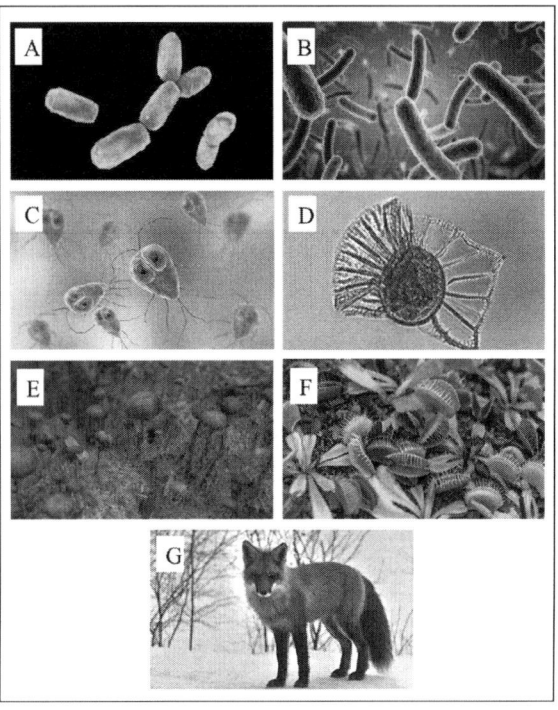

**Figura** 2. Muestra un ejemplo para cada uno de los 7 reinos. A) Archae, B) Bacteria, C) Protozoa, D) Chromista, E) Fungi, F) Plantae, G) Animalia.

En la tabla 5 se resumen las características más relevantes de cada uno de los 5 reinos, que son los que actualmente aún aparecen en la mayoría de los libros de texto. En esta tabla se pueden observar las similitudes y las diferencias que existen entre los organismos de los distintos reinos.

**Tabla 5.** Características de los seres vivos.

| Seres vivos | Organismo/ microorganismo (número de células) | Tipo de células | Reino | Reproducción | Alimenta- ción | Respira- ción |
|---|---|---|---|---|---|---|
| BACTERIAS | Microorganismo unicelular | Procariota | Bacteria | Asexual (bipartición) | Autótrofa o heterótrofa | Aeróbicas o anaeróbicas |
| LEVADURAS | Microorganismo unicelular | Eucariota | Hongos | Asexual (gemación o bipartición) | Heterótrofa | Aeróbicas (*) |
| HONGOS | Organismo pluricelular | Eucariota | Hongos | Sexual y asexual (fragmentación/ gemación/esporas) | Heterótrofos | Aeróbicos |
| PLANTAS | Organismo pluricelular | Eucariota | Plantas | Asexual (reproduc- ción vegetativa: sin semillas) o sexual | Autótrofas | Aeróbicas |
| ANIMALES | Organismo pluricelular | Eucariota | Animal | Reproducción sexual | Heterótrofos | Aeróbicos |

*Pueden ser también anaeróbicas, pero necesitan un poco de oxígeno para sintetizar lípidos.

### 1.4.1. Los microorganismos

Los microorganismos (MO) son organismos extremadamente pequeños, por lo que no se pueden observar a simple vista. Nos referimos a bacterias, hongos, levaduras y protistas, que han colonizado y habitan en diversos ambientes. Si bien la mayoría son benignos y beneficiosos, algunos pueden causar enfermedades. No se pueden ver, pero sí se puede observar el resultado de su metabolismo como, por ejemplo, las consecuencias de que ha sucedido una fermentación.

Justamente el proceso de fermentación y otras reacciones similares han hecho que los humanos hayamos «domesticado» a los MO para utilizarlos en la producción y conservación de alimentos como el pan, el vino y la leche.

Los MO, también llamados «microbios», se caracterizan por presentar una organización celular sencilla. Algunos de ellos son organismos unicelulares (formados por una sola célula), como, por ejemplo, bacterias y levaduras, y otros como los hongos filamentosos (conocidos vulgarmente como «mohos») son organismos pluricelulares.

Aunque más adelante explicaremos las características de cada uno de ellos y cómo identificarlos, los MO comparten algunas características:

- Presentan un tamaño microscópico.
- Se reproducen rápidamente.
- Realizan reacciones metabólicas a gran velocidad.
- Presentan mecanismos de dispersión y de resistencia.
- Forman parte de los ciclos biogeoquímicos de la naturaleza.

Los MO tienen una gran capacidad de adaptación, de modo que habitan ambientes muy diversos. Algunos de ellos se encuentran viviendo a temperaturas por debajo de los 0 ºC; podemos encontrarlos en hábitats a temperaturas de -5 ºC, a estos MO se les denomina «psicrófilos obligados». Existe otro grupo de microorganismos llamados «psicrófilos facultativos» o «tolerantes», que pueden vivir entre los

15º y los 18 ºC. Generalmente, en este grupo encontramos bacterias, levaduras y hongos responsables de la podredumbre de los alimentos. En el siguiente rango de temperatura encontramos los MO mesófilos, que son aquellos que se desarrollan en ambientes templados y tropicales, en rangos de temperatura de 25º hasta 47 ºC. Finalmente, encontramos los MO termófilos, que son capaces de sobrevivir entre los 50 a 75 ºC, y algunos que logran vivir en las fumarolas de volcanes y en aguas termales hasta 115 ºC. La resistencia a temperaturas extremas se debe a sus formas de resistencia, las esporas, así como a la modificación de los lípidos presentes en la pared celular.

Trabajar con microorganismos en los centros educativos puede parecer todo un reto debido a que en ocasiones:

- No sabemos dónde encontrarlos.
- No disponemos de infraestructuras adecuadas para trabajar con ellos.
- El material de laboratorio es caro y a veces no sabemos dónde se puede comprar.
- No sabemos cómo mantener condiciones de esterilidad para que nuestro experimento no se contamine por otros microorganismos ajenos a nuestro estudio (como las esporas de hongos que flotan permanentemente en el aire).
- No sabemos cómo cultivar, identificar y trabajar con estos organismos microscópicos.

El presente libro pretende ayudar al profesorado a superar estos retos, ya que quiere facilitar la incorporación de actividades prácticas con microorganismos en las aulas de los centros educativos.

### 1.4.1.1. Levaduras

Las levaduras son hongos unicelulares y son los microorganismos más utilizados en investigación por distintas razones:

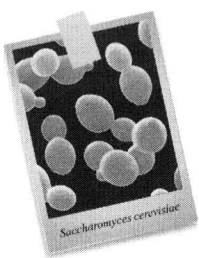

* Son fáciles de cultivar y conservar.
* Están ampliamente estudiadas y su genoma está totalmente secuenciado desde hace años, es decir, conocemos todos sus genes.
* Comparten un 20 % de genes con los humanos, por lo que son utilizados en las primeras fases de algunas investigaciones médicas.
* Están implicados en procesos de fermentación de alimentos que consumimos diariamente como el pan, el vino, la cerveza, algunos embutidos . . . , por lo tanto, usos y aplicaciones están relacionados con intereses económicos.

Las levaduras no se pueden observar a simple vista, por lo tanto, es necesario utilizar un <u>microscopio</u> para visualizarlas.

Se pueden encontrar en muchos sitios: en las hojas, en las flores, en la piel de las frutas, en el suelo, en lagos, en ríos, etcétera. Su presencia depende de muchos factores ambientales, como la temperatura, el pH, la humedad y la disponibilidad de azúcar.

Dentro de las levaduras, el género *Saccharomyces* es el más famoso, ya que es el responsable de la fermentación alcohólica (ver figura 3) que, en ausencia de oxígeno, degrada azucares y produce etanol y dióxido de carbono ($CO_2$). Para la levadura esta reacción le permite obtener energía para poder llevar a cabo sus funciones vitales.

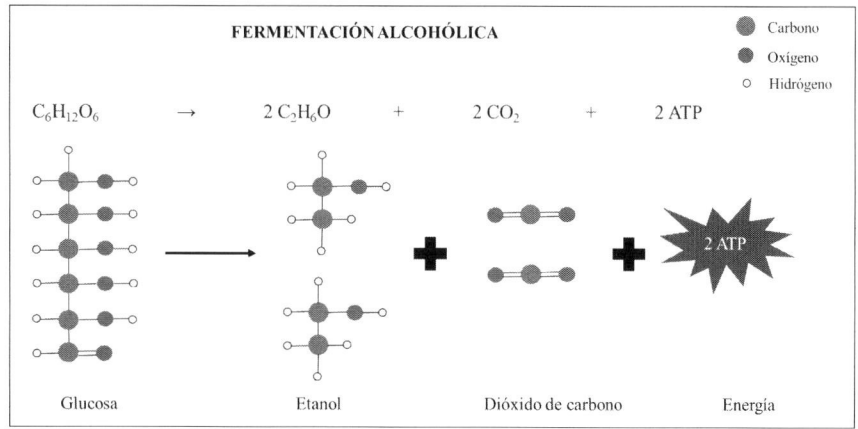

**Figura 3.** Fórmula de la fermentación alcohólica. Este proceso es llevado a cabo por las levaduras, el azúcar se convierte en alcohol (etanol) y dióxido de carbono. Cada molécula de glucosa da lugar a dos moléculas de etanol y dos de dióxido de carbono.

Para realizar actividades prácticas se pueden comprar levaduras en supermercados o panaderías. Se puede conseguir levadura fresca (conocida como levadura de panadería) o levadura seca activa (LSA) ambas utilizadas para hacer pasteles y pan en casa. Las levaduras, en cualquiera de sus dos formatos, pueden ser añadidas a un medio líquido para conseguir replicarlas (cultivarlas), a esto se le denomina «cultivo», el cual deberá contener agua y nutrientes para que la levadura pueda crecer. Puede ser tan simple como agua con azúcar o podemos utilizar un caldo casero o un caldo hecho a partir de pastillas de caldo concentrado. La temperatura óptima para que crezcan es de 28 ºC, pero aguantan un amplio rango de temperatura. Pueden crecer perfectamente a temperatura ambiente, si es invierno y hace mucho frío tendrán un crecimiento más lento, pero lo conseguirán de todos modos.

*#OJO: La levadura fresca se puede conservar unos días en la nevera. Los siguientes días se podrá utilizar, aunque es muy probable que se contamine por hongos. En cambio, la levadura seca, el formato LSA, aunque se aconseja un paso de rehidratación previo, este no es necesario y, además, se puede conservar a temperatura ambiente durante meses, por eso es por lo que más se utiliza en la industria alimentaria.*

### 1.4.1.2. Bacterias

Las bacterias son organismos microscópicos, unicelulares y procariotas (sin núcleo definido) con formas muy diversas (figura 4), siendo los seres vivos más abundantes, longevos y antiguos de la Tierra. Han colonizado todos los hábitats (aire, suelo, agua, aceite, aguas termales, desechos radiactivos, piel, mucosas . . . ), adaptándose a todas las condiciones, incluso las más extremas y hostiles. Las bacterias son imprescindibles en la fijación del carbono y el nitrógeno, y en este sentido, son esenciales para mantener el equilibrio de los ciclos biogeoquímicos.

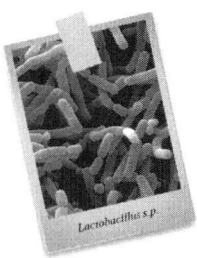

Lactobacillus s.p.

Han estado relacionadas durante mucho tiempo con enfermedades, pero su importancia en la industria alimentaria, química y agrícola, así como en la investigación básica y biotecnológica ha hecho cambiar su consideración, fomentando su estudio y aplicación en muchos campos.

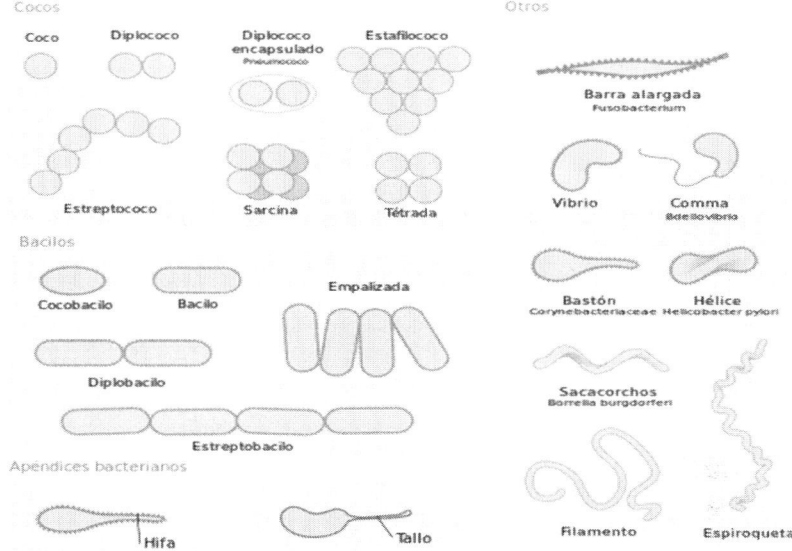

**Figura** 4. Diferentes formas de bacterias al microscopio óptico. (Mariana Ruiz LadyofHats – Dominio público https://commons. wikimedia.org/w/index.php?curid=27151342)

Podemos encontrar bacterias fácilmente en nuestro alrededor, por lo que, realizar una práctica con nuestro alumnado en diferentes alimentos será relativamente fácil, por ejemplo, en yogures y otros productos lácteos fermentados. Las que encontramos en dichos alimentos son conocidas como bacterias lácticas, responsables de fermentar la lactosa (azúcar de la leche) y convertirla en ácido láctico (figura 5), además, tienen la capacidad de tolerar un amplio rango de acidez (pH), de modo que no es inconveniente para su supervivencia. El género *Lactobacillus* es el más popular y utilizado en los yogures, normalmente se ponen juntas (coinoculación) con el género *Streptococcus*, para asegurar un adecuado grado de acidez y de degradación de los azucares.

*#OJOALDATO: En cada gramo de yogurt hay aproximadamente $1\cdot10^7$ bacterias.*

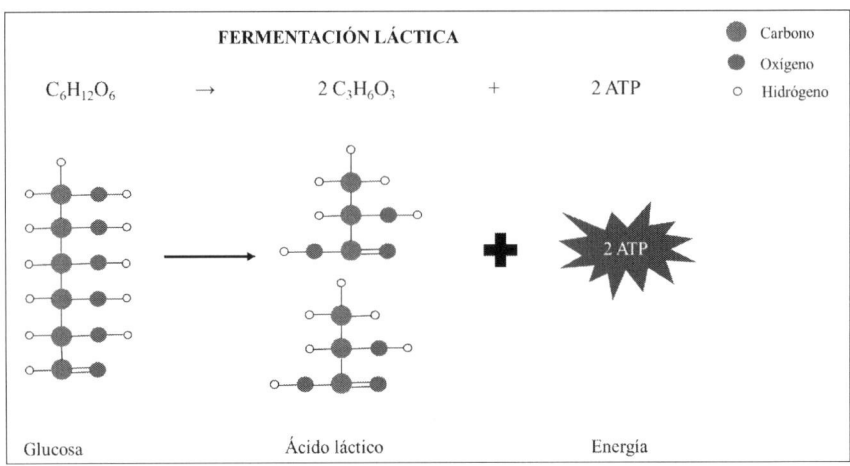

**Figura** 5. Reacción de la <u>fermentación láctica</u>. Por cada molécula de glucosa las bacterias lácticas obtienen dos moléculas de lactato gracias al enzima lactato deshidrogenasa y también energía (en forma de 2 moléculas de <u>ATP</u>).

También se pueden obtener y cultivar bacterias presentes en el ambiente (encima de una mesa, en el aire, en cualquier objeto . . . ) o bien presentes en nuestro cuerpo (en la piel, en la mucosa bucal . . . ).

Cada grupo de bacterias posee un rango de temperatura óptimo para su crecimiento, dependiendo de donde se tome la muestra, se ha de proporcionar una temperatura u otra. Normalmente se utilizan estufas para controlar la temperatura, si no se dispone de estufas o incubadores se pueden dejar a temperatura ambiente, donde tardarán más tiempo en crecer, pero al cabo de unos días se podrán visualizar las colonias perfectamente.

### 1.4.1.3. Hongos

Los hongos son organismos eucariotas entre los que se encuentran los hongos filamentosos (moho), las levaduras (hongos unicelulares) y los hongos pluricelulares y heterótrofos que poseen un cuerpo fructífero comúnmente conocidos como setas. Los hongos no forman parte del reino animal ni del vegetal, ya que tienen unas características peculiares que los clasifican en su propio reino, *fungi*. Se distinguen de las plantas porque no son heterótrofos (es decir, no producen su propio alimento), y de los animales porque poseen paredes celulares en sus células, igual que las plantas, aunque en lugar de celulosa estas están compuestas mayoritariamente por otra molécula, la quitina. Son los descomponedores primarios de la materia muerta de plantas y de animales en muchos ecosistemas.

Apergillus s.p.

A partir de ahora, cuando se hable en el presente libro de hongos, nos referiremos a los hongos filamentosos y los distinguiremos de las levaduras.

Los hongos pueden habitar en todo tipo de ambiente. Los hongos forman esporas, que pueden permanecer latentes durante mucho tiempo hasta que las condiciones ambientales sean favorables, entonces reinician su ciclo vital. El moho que observamos en la fruta podrida o en el pan son hongos filamentosos.

Los hongos tienen una gran importancia industrial en la producción de antibióticos, algunos tipos de enzimas (proteasas), en el biocontrol de plagas, en la producción de micotoxinas, entre otros.

### 1.4.1.4. Identificación de microorganismos

Una pregunta recurrente entre los docentes es cómo identificar los diferentes tipos de microorganismos. Hay dos métodos principales:

Identificación macroscópica: Observando a simple vista las colonias que han crecido en placas de Petri con medios sólidos.

Identificación microscópica: Usando el microscopio óptico para una observación directa.

Al intentar aislar microorganismos, es probable encontrar una gran diversidad de ellos, lo que resalta la importancia de su identificación.

En la figura 6 se muestran cultivos en placa de Petri donde se puede observar la morfología de las colonias de los diferentes microorganismos. Se observa que los hongos presentan unas estructuras en forma de hilos muy diferentes a las colonias de levaduras y bacterias. Mientras la principal diferencia entre ellas es el tamaño de las colonias siendo las de las bacterias más pequeñas y menos opacas que las de las levaduras.

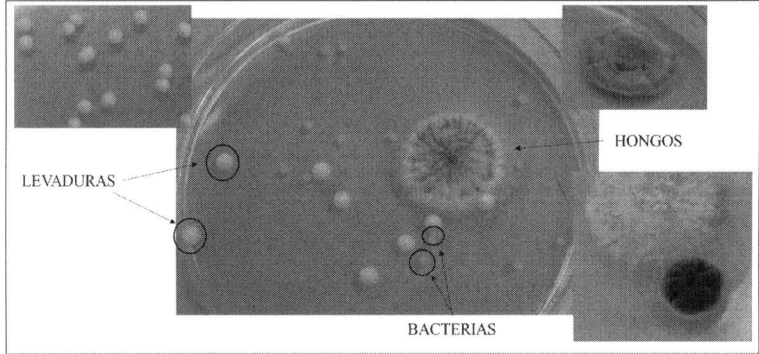

**Figura 6.** Morfología de colonias de diferentes microorganismos (bacterias, hongos y levaduras) que crecen sobre las placas Petri con medio de cultivo sólido.

Para observar los microorganismos al microscopio óptico se debe realizar una preparación siguiendo los pasos que se muestran en la figura 7. Se pueden observar microorganismos que estén creciendo en un medio sólido o bien en un medio líquido.

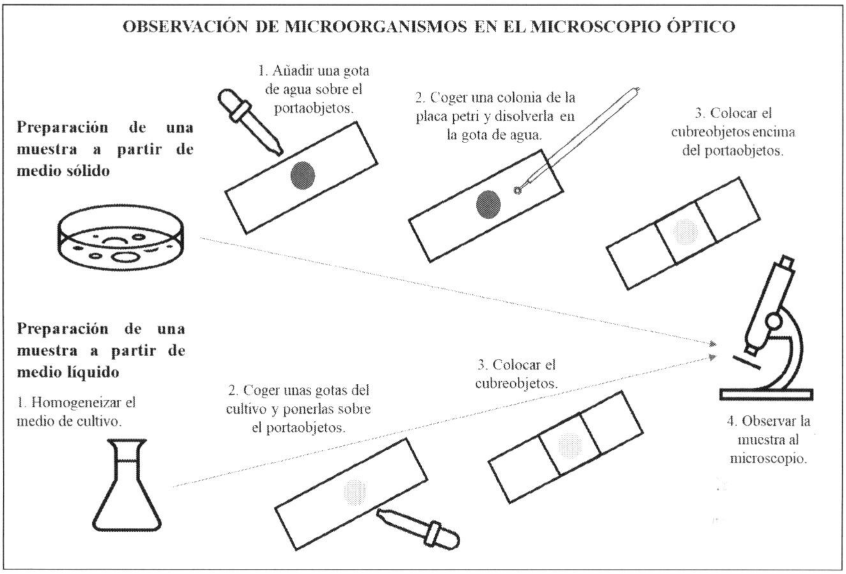

**OBSERVACIÓN DE MICROORGANISMOS EN EL MICROSCOPIO ÓPTICO**

Preparación de una muestra a partir de medio sólido

1. Añadir una gota de agua sobre el portaobjetos.

2. Coger una colonia de la placa petri y disolverla en la gota de agua.

3. Colocar el cubreobjetos encima del portaobjetos.

Preparación de una muestra a partir de medio líquido

1. Homogeneizar el medio de cultivo.

2. Coger unas gotas del cultivo y ponerlas sobre el portaobjetos.

3. Colocar el cubreobjetos.

4. Observar la muestra al microscopio.

**Figura 7.** Esquema del protocolo de la preparación de muestras de microorganismos para su observación al microscopio óptico. Si partimos de un medio sólido seguiremos los pasos 1, 2, 3 y 4 detallados en la parte superior de la figura. En el caso de partir de un medio líquido, seguiremos los pasos 1, 2, 3 y 4 de la parte inferior de la figura.

*#OJO: Hongos y levaduras pueden observarse a 400X (40x del objetivo * 10x ocular), mientras que las bacterias requieren 1000X (100x objetivo de inmersión con aceite + 10x de ocular).*

En las siguientes figuras se muestran las imágenes de levaduras (figura 8), bacterias (figura 9) y hongos (figura 10) observadas a diferentes aumentos en el microscopio óptico.

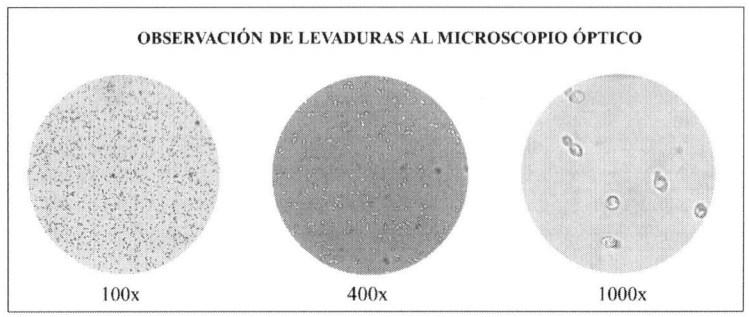

**Figura 8.** Levaduras vistas en el microscopio óptico a 100, 400 y 1000 aumentos.

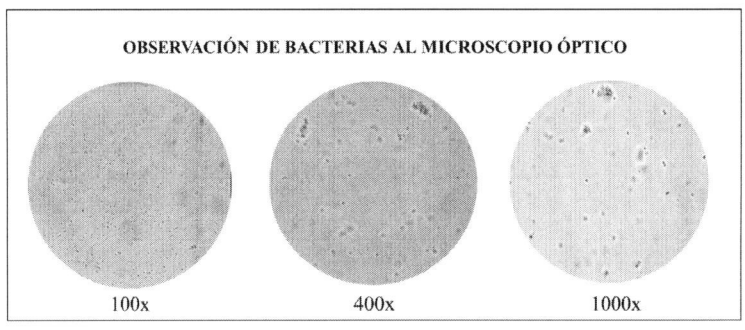

**Figura 9.** Bacterias bajo el microscopio óptico a 100, 400 y 1000 aumentos.

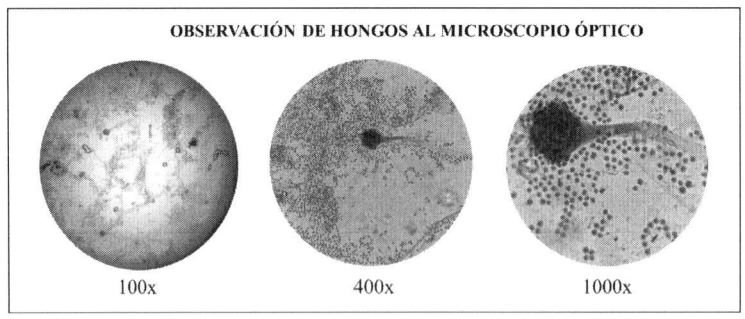

**Figura 10.** Hongos bajo el microscopio óptico a 100, 400 y 1000 aumentos.

Cuando se siembran los microorganismos en una placa de medio sólido, cada individuo será capaz de originar una <u>colonia</u> entera, una familia de microorganismos que se ha formado por la división de un único microorganismo. Esta familia es tan numerosa que a simple vista podemos observar un punto encima de la placa de medio sólido.

*#OJO: Es importante que los alumnos entiendan que lo que vemos a simple vista no es un microorganismo, sino un conjunto de ellos, al que llamamos colonia.*

En la tabla 6, se describen las características morfológicas de bacterias, levaduras y hongos tanto macroscópica como microscópicamente, para que pueda servir de guía para su identificación.

**Tabla 6.** Morfología de los microorganismos observados al microscopio y características de las colonias.

| Microorganismos | Morfología microscópica | Morfología macroscópica (ver figura 7) |
|---|---|---|
| Bacterias | Presentan morfologías diversas: los cocos tienen forma redonda, los bacilos alargada, y los espirilos de espiral. Tienen dimensiones muy pequeñas. Se observan bien a 1000X en el microscopio óptico, aunque a 400X ya solemos verlos como unos puntitos pequeños. La disposición que adoptan en el espacio también es diversa, se encuentran aislados, en parejas, en grupos o formando cadenas (ver figura 9). | Colonias pequeñas, brillantes y transparentes. |
| Levaduras | Suelen presentar forma redonda u ovalada. Tienen una forma característica al dividirse, la gemación (al menos las más comunes) donde vemos la célula hija pequeña y pegada a la célula madre hasta que se produce la división celular. Se observan fácilmente a 400X (ver figura 8). | Colonias grandes y opacas, generalmente de color blanco, aunque pueden ser de otros colores como rosa o amarillo. |

| Hongos | Suelen presentar estructuras grandes y la mayoría tiene aspecto filamentoso, llenos de esferas que son pequeñas esporas (ver figura 10). | Colonias con aspecto filamentoso, suelen ser grandes y predominan los colores blancos, negro, gris y verde oscuro. |
| --- | --- | --- |

*#OJO: Si se observan microorganismos con distintas morfologías y solo se inoculó un tipo de microorganismo nos indicará que se ha contaminado el cultivo con otro microorganismo ajeno al experimento y que estaba presente en el ambiente.*

### 1.4.2. Las plantas

Las plantas son organismos pluricelulares. Estos seres vivos no tienen la capacidad de moverse o desplazarse de un lugar a otro y eso hace que tengan unas características muy especiales. Por ejemplo, al no poder desplazarse para conseguir alimento deben fabricarlo ellas mismas mediante un proceso llamado «fotosíntesis». Este proceso se realiza gracias al dióxido de carbono ($CO_2$) que obtienen del ambiente y de unos orgánulos que se encuentran en las células vegetales llamados «cloroplastos», que les permiten crear sus propias moléculas orgánicas (glúcidos, lípidos, proteínas . . . ).

Por otro lado, al no poder cambiar de sitio deben tener unas características físicas que les permitan crecer cómodamente en ese ambiente, por lo tanto, presentarán unas adaptaciones evolutivas específicas. Por ejemplo, el cactus está adaptado para poder sobrevivir en ambientes donde hay escasez de agua, sus hojas se han convertido en espinas, ya que así se evita la transpiración a través de las hojas y se conserva toda el agua posible. Si te interesan las adaptaciones evolutivas de las plantas puedes saber más leyendo la práctica 11.

Las plantas son muy importantes en los ecosistemas terrestres, ya que, mientras fabrican su alimento, producen oxígeno ($O_2$), que se libera a la atmosfera y estará disponible para que humanos, animales, plantas y otros organismos que respiran oxígeno puedan utilizarlo. Si se desea saber más sobre este proceso se puede consultar la práctica 6.

Por si todo esto no fuera suficiente, debemos saber que las plantas son organismos productores, siendo así la base de cualquier red trófica en ecosistemas terrestres, De su abundancia, calidad y disponibilidad depende la alimentación de muchos otros organismos, entre ellos los seres humanos.

Características generales del reino vegetal:

- Células eucariotas vegetales.
- Organismos pluricelulares.
- Nutrición autótrofa, principalmente fotosintética (producen su propio alimento).
- Falta de movilidad.

En el reino vegetal se encuentran dos grandes tipos de plantas, las no vasculares y las vasculares, dicha clasificación se puede observar en la tabla 7. Las plantas no vasculares no presentan vasos conductores y no presentan **órganos vasculares** ni hojas, ni tallo ni raíces, de manera diferenciada, suelen habitar en ambientes húmedos o acuáticos. A diferencia de estas, las plantas vasculares son aquellas que presentan tejidos que conducen los fluidos a través de la planta. A las plantas vasculares también se las nombra, de manera general, como plantas superiores. Se puede decir que las plantas vasculares son todas aquellas que presentan de manera diferenciada raíz, tallo, hojas y, en algunos casos, flores.

La diferencia entre las plantas vasculares y las no vasculares es que las no vasculares son plantas pequeñas, delgadas y con tejidos especializados para llevar a cabo la regulación de líquidos, mientras que, las vasculares tienen un sistema radicular, es decir, vasos que recorren el interior de la planta y que permiten distribuir los nutrientes y los gases por toda la planta.

**Tabla 7.** Clasificación del reino vegetal.

| No vasculares | | | Musgos, hepáticas |
|---|---|---|---|
| Vasculares | Sin semillas | | Helechos, licopodios |
| | Con semillas | Sin flores | Gimnospermas: pinos, cipreses |
| | | Con flores | Angiospermas: manzanilla, tulipanes |

Las plantas se pueden reproducir de forma asexual o sexual. La mayoría de plantas lo hacen mediante la reproducción sexual, en la práctica 10 (anatomía de una flor) se profundiza sobre este concepto. Algunas plantas también se reproducen de forma asexual mediante esquejes (como el geranio) con semillas no fecundadas que se desarrollan para formar una nueva planta. Las plantas con flores son aquellas que se reproducen de manera sexual, ya que contienen el polen y los óvulos para producir las semillas y los frutos.

Las plantas son relativamente fáciles de trabajar en una sesión práctica, por ejemplo, las hojas de las espinacas aún frescas en un supermercado o una planta acuática viva nos permitirán observar cómo respiran, cómo realizan la fotosíntesis, con un poco de paciencia se pueden conseguir resultados que ayuden a entender muchos de los conceptos teóricos.

### 1.4.3. Los animales

Son los seres vivos más conocidos y los agrupamos dentro del reino animalia o metazoo, comparten características similares: están formados por células eucariotas, son pluricelulares, se caracterizan por su capacidad de movimiento independiente, su nutrición heterótrofa (obtiene su alimento de fuentes externas), y poseen tejidos especializados que forman órganos y sistemas en su cuerpo.

Los animales son muy diferentes entre ellos, es el reino más diverso que existe. Hace 600 millones de años, todos los animales eran marinos o acuáticos, y poco a poco, algunos de ellos se adaptaron a la vida terrestre en sus diferentes ambientes conquistando finalmente el aire. El reino animal se puede clasificar según múltiples características (según su alimentación, según su hábitat, según el tipo de desarrollo embrionario . . . ), en la tabla 8 se muestran las clasificaciones más ampliamente utilizadas.

**Tabla 8.** Criterios más utilizados para clasificar a los animales.

| Criterios de estudio | Clasificación | Definición | Ejemplos |
|---|---|---|---|
| Alimentación | Herbívoro | Se alimentan de plantas | Oveja, caballo, tortuga |
| | Carnívoro | Se alimentan de carne | León, gato, tiburón |
| | Omnívoro | Se alimentan de carne y plantas | Rata, cerdo, pato, palomas ser humano |
| Desarrollo embrionario | Vivíparo | Se desarrollan dentro del útero materno | Mamíferos: vacas, perro, ser humano |
| | Ovíparo | Nacen de un huevo | Aves, insectos, peces, anfibios y reptiles |
| | Ovovivíparo | Se desarrollan dentro de un huevo, la eclosión del huevo suele coincidir con el momento del nacimiento | Lagartijas, serpientes, tiburones |
| Hábitat | Acuáticos | Viven en agua (mar, ríos, etc.) | Peces: salmones, ballenas, mejillones, pulpos sepias |
| | Terrestres | Viven en la tierra | Cabra, ardillas, ratones |
| | Mixtos | Viven en tierra/agua o tierra/aire | Aves, anfibios: ranas, cocodrilos, nutrias |
| Presencia de esqueleto | Vertebrados | Tienen columna vertebral | Mamíferos, anfibios, aves, peces |
| | Invertebrados | No tienen columna vertebral | Insectos, esponjas marinas, medusas pulpos |

El reino animal es muy amplio y variado, es por ello por lo que son necesarios muchos criterios para dividirlos en grupos de estudio. Se podría tener en cuenta por ejemplo el tipo de respiración (pulmonar, branquial, cutánea, traqueal), la forma corporal, las características externas (pelo, plumas, escamas, etc.).

Por motivos éticos, difícilmente se pueden realizar prácticas en las que se utilicen animales, estas solo están reservadas para grupos de investigación reconocidos y no para realizar prácticas con fines didácticos, aun así, en el presente libro proponemos algunas ideas de cómo trabajar con restos de animales (conchas) o utilizar pescados que encontramos en las pescaderías para realizar algunas de las prácticas.

# 2.

# Prácticas

## 2.1. Microorganismos

Práctica 1: Carrera de levaduras (i)

Práctica 2: Fermentación dentro de un globo (i)

Práctica 3: Cómo no hacer yogur (i)

Práctica 4: Cazando microorganismos (i)

Práctica 5: Una ventana al mundo microbiano: La columna de Winogradsky (i/d)

Práctica 6: Como auténticos *someliers*

# Práctica 1:
# Carrera de levaduras (i)

## Introducción:

La fermentación es un proceso metabólico a través del cual muchos microorganismos obtienen la energía necesaria para realizar sus procesos vitales. Por medio de esta reacción bioquímica se transforman moléculas complejas en otras más sencillas en ausencia de oxígeno (reacción anaeróbica). En presencia de oxígeno, se realiza la respiración, que es un proceso energéticamente más eficiente que la fermentación. La respiración celular es el proceso mediante el cual las células de nuestro cuerpo obtienen energía gracias a biomoléculas como glúcidos y lípidos en presencia de oxígeno. La fermentación y la respiración son procesos característicos de muchos microorganismos, en el caso de las levaduras, son microorganismos facultativos, es decir, pueden llevar a cabo ambos procesos. La elección de uno u otro dependerá de las condiciones del medio donde crecen.

En esta práctica utilizaremos una levadura muy conocida, _Saccharomyces cerevisae_, ya que es usada para la obtención del pan, la cerveza, el vino e incluso se usa en biomedicina para obtener algunos medicamentos. Esta levadura utiliza una enzima para convertir el almidón (que es un azúcar complejo) presente en la harina, en glucosa (azúcar simple) y, a partir de aquí, iniciar la fermentación.

*#OJOALDATO: Se cree que la fermentación es una de las reacciones metabólicas más antiguas, ya que los primeros seres vivos habitaron en una atmosfera sin oxígeno.*

*Algunas células de nuestro cuerpo pueden realizar la fermentación, como es el caso de las células del tejido muscular, que realizan la fermentación láctica cuando el aporte de oxígeno no es suficiente. Cuando realizamos deporte tenemos las famosas «agujetas», que son cristales de ácido láctico que se forman porque no estamos aportando oxígeno suficiente para que las células musculares puedan realizar la respiración celular. La respiración celular es el proceso natural que realizan las células para obtener energía, ya que es el más eficiente (el que produce mayor cantidad de energía en relación con la cantidad de sustrato usado).*

*En cambio, otras células de nuestro cuerpo, como las neuronas, necesitan oxígeno siempre, ya que, si no realizan la respiración celular, se mueren.*

*#PARASABERMÁS: sobre la fermentación y las levaduras consulta el apartado de la introducción.*

A continuación, presentamos una actividad indagatoria para trabajar la fermentación de forma práctica con el alumnado, hay muchas variables susceptibles a ser modificadas, de manera que se pueden diseñar muchas prácticas diferentes a partir de esta indagación.

| PRÁCTICA 1: Carrera de levaduras | | |
|---|---|---|
| ¿Me interesa esta práctica? | **OBJETIVOS DE APRENDIZAJE:**<br>• Observar una reacción bioquímica.<br>• Identificar procesos cotidianos como reacciones químicas.<br>• Asociar la fermentación como un proceso metabólico.<br>• Identificar los reactivos y productos de una reacción.<br>• Identificar los factores que pueden influir en la velocidad de una reacción. | |
| | **CONCEPTOS CLAVE:**<br>fermentación, levadura, reacción química, reactivo, producto | **CONCEPTOS RELACIONADOS:**<br>energía, metabolismo celular, ley de la conservación de la masa |
| | **MATERIAL:**<br>• Vaso de plástico<br>• Harina<br>• Levadura (fresca/seca)<br>• Azúcar<br>• Probetas de 50 ml<br>• Baño serológico o cuenco con agua tibia o incubador | **TEMPORIZACIÓN:**<br>• 30 minutos de preparación.<br>• 1 hora de toma de datos.<br>• 30 minutos de análisis de resultados y discusión. |
| Aplicamos la indagación: | **PREGUNTA DE INVESTIGACIÓN:**<br>¿La cantidad de azúcar influye en la velocidad de fermentación de las levaduras? | |

| | **VARIABLE DEPENDIENTE:**<br>Velocidad de fermentación* | **VARIABLE INDEPENDIENTE:**<br>cantidad de azúcar. | **VARIABLES DE CONTROL:**<br>cantidad de harina, cantidad de levadura, tipo de levadura, cantidad de agua, temperatura de incubación. |
|---|---|---|---|

*La velocidad de la fermentación se mide de manera indirecta, en este caso a través del volumen que ocupa la masa fermentada. Al realizar el proceso de fermentación las levaduras desprenden dióxido de carbono y este gas desplaza la masa hacia arriba. La condición que fermenta más rápido producirá más gas y la masa alcanzará una altura mayor en menos tiempo dentro de la probeta.

## Procedimiento:

1. Colocar 100 ml de agua en un vaso.
2. Añadir 6 cucharadas de harina (cuchara de postre) y remover hasta que la solución sea homogénea.
3. En otro vaso, disolver la levadura (1 cuchara de levadura seca (cucharita de café) / 2 gramos de levadura fresca) en 20 ml de agua y remover hasta obtener una solución homogénea.
4. Añadir la solución de levadura al vaso que contiene la solución de harina y remover.
5. Colocar 50 ml de solución en cada uno de los vasos o probetas.
6. Rotular los vasos o probetas, uno será A y otro B (figura 11).
7. Añadir 10 gramos de azúcar en el vaso B.
8. Colocar las probetas o vasos dentro de un cuenco con agua caliente, estufa o baño (temperatura óptima de las levaduras 28 ºC). También se pueden dejar a temperatura ambiente.
9. Dejar 30 minutos para que las levaduras se adapten a la nueva situación.
10. Tomar nota de la altura exacta de la masa en cada una de las probetas o vasos.
11. Medir durante 30 minutos la altura de la masa cada 5 minutos.

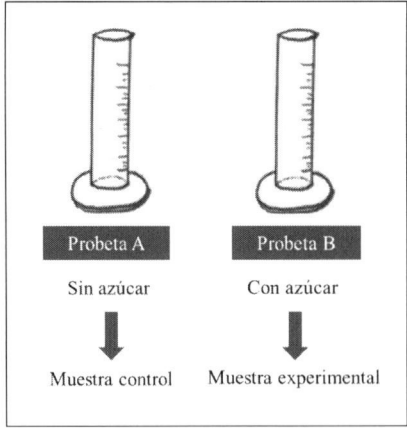

**Figura** 11. Esquema de las condiciones experimentales.

**Resultados esperados:**

¿En qué probeta se espera más crecimiento?

En la figura 12 se puede observar cómo en la probeta A, a la cual no se añadió azúcar, la fermentación presenta una velocidad inferior mientras en la probeta B, a la cual se añadió azúcar, la velocidad de fermentación es superior y nos lo evidencia la masa que ha subido por la probeta.

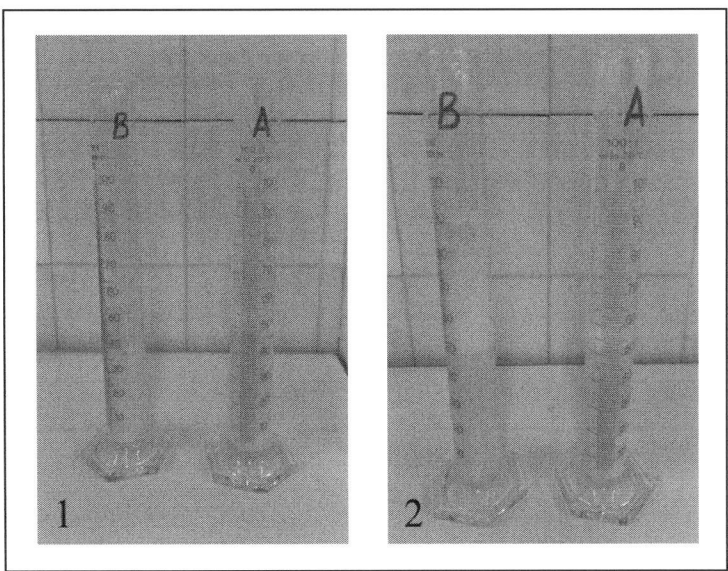

**Figura 12.** Fotografías tomades al inicio del experimento (1) y transcurrida 1hora (2).

En la figura 13 se propone un modelo de tabla para la recogida de datos. Aun así, se puede modificar el intervalo de tiempo en el que se anotan los datos.

| PROBETA A | | PROBETA B | |
|---|---|---|---|
| Tiempo | Volumen masa | Tiempo | Volumen masa |
| 0' | | 0' | |
| 5' | | 5' | |
| 10' | | 10' | |
| 15' | | 15' | |
| 20' | | 20' | |
| 25' | | 25' | |
| 30' | | 30' | |

Figura 13. Propuesta de tabla para la recogida de datos.


## Representación gráfica:

En la figura 14 se propone un ejemplo de cómo se podrían representar los resultados obtenidos de manera gráfica. Además, los resultados que se observan en la figura 14 son un ejemplo de los resultados que se esperan obtener.

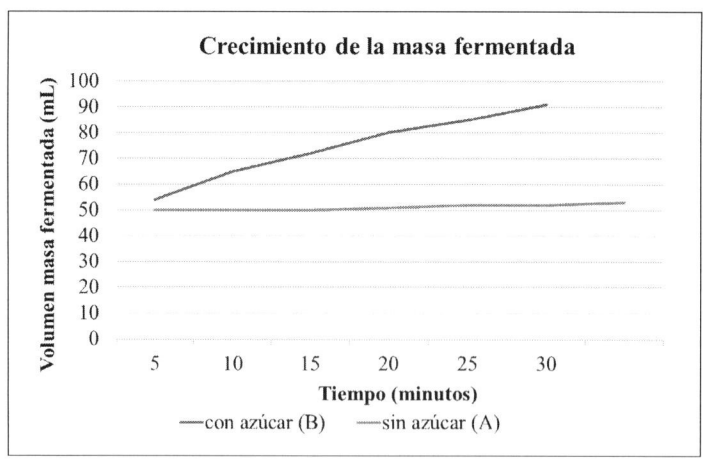

Figura 14. Propuesta de gráfico con el comportamiento esperado de cada muestra (control (A) y experimental (B).

## Reflexión para el alumnado:

1. **¿Por qué la masa crece?**

   La masa crece, ya que la fermentación genera dióxido de carbono que, al ser un gas, hincha la masa y hace que aumente su volumen. Esto ocurre debido a las proteínas del gluten presentes en la harina que al humedecerlas y amasarlas toman una forma de «chicle, o *slim*» (fluido viscoelástico) que atrapa el gas producido, formando una estructura coloide.

2. **¿Cómo se llama este proceso?**

   El proceso que ocurre dentro de las probetas corresponde a la fermentación alcohólica. Es una reacción que usan las levaduras para conseguir energía para el funcionamiento de su metabolismo, es su manera de alimentarse y de obtener energía para sus funciones vitales. Durante la fermentación alcohólica se forman moléculas de ATP (adenosina trifosfato), esta molécula contine mucha energía en sus enlaces y se considera «la moneda energética» de la célula. Como se puede observar en la figura 3, se trata de una reacción de catálisis. En estas reacciones se fragmentan moléculas grandes en otras más pequeñas y se obtiene energía durante el proceso. Es interesante recalcar que, en las reacciones químicas, la materia (los átomos) ni se crea ni se destruye, sino que se transforma en otras moléculas mediante nuevas combinaciones de los mismos.

   *#PARASABERMÁS: Si se observa la figura 3 se puede comprobar que en las reacciones químicas se cumple la ley de la conservación de la masa (Ley de Lavoisier). Se puede comprobar como el número de átomos de cada elemento se mantienen en ambos lados de la reacción. Es decir, en los reactivos hay 6 átomos de carbono, 6 átomos de oxígeno y 12 átomos de hidrógeno, exactamente los mismos que en las moléculas que conforman los productos.*

3. **¿Cuál de las dos masas crece primero?**

La masa que más crece y que empieza el proceso antes es aquella en la cual se ha añadido azúcar, que es el sustrato de la reacción. Por lo tanto, en la probeta A en la cual no se ha añadido azúcar, la masa tardará más en crecer, ya que las levaduras primero deberán convertir los azucares fermentables como el almidón, la maltosa y la sacarosa en glucosa, que es el azúcar simple que es fácilmente fermentable, antes de poder iniciar la fermentación. Mientras que en la probeta B, a la cual se le ha **añadido azúcar**, la levadura podrá empezar a fermentar directamente mientras degrada el almidón en azúcar.

4. **¿Conoces alimentos que se elaboren a partir del crecimiento de microorganismos como levaduras y bacterias?**

Se pueden explicar otros procesos de fermentación en los que están implicados otros tipos de microorganismos. Por ejemplo, con la fermentación alcohólica, básicamente mediada por levaduras, en la elaboración de vino, cerveza, bebidas espumosas, o el pan. Con la fermentación láctica, en la cual intervienen mayoritariamente bacterias, se obtiene elaboración de yogur y derivados lácticos, fermentación de verduras frescas como en la elaboración del repollo en chucrut, encurtidos de pepinillos, panes de masa madre, salsa de soja, miso japones y algunas carnes embutidas como el salami, también muy interesante en el ensilaje para la agricultura. También existe la fermentación acética, llevada a cabo por bacterias, que permite la obtención de vinagre o de la kombucha.

5. **¿Puedes explicar cómo modifican o transforman los microorganismos los alimentos?**

A través de la reacción química (de la fermentación), un sustrato (en nuestro caso la glucosa) se convierte en un producto diferente (en nuestro caso en dos compuestos diferentes: etanol y dióxido de carbono). Los productos resultantes de una reacción son sustancias con características diferentes a las de los sustratos.

*#ESCOGE: Otras posibles preguntas de investigación para la misma práctica podrían ser:*

*¿La temperatura influye en la velocidad de la fermentación?*

*¿El tipo de levadura (seca/fresca) influye en la velocidad de la fermentación?*

*¿Sucede lo mismo si utilizo otro tipo de harina? De trigo integral, de otros cereales como arroz, maíz. . .*

*#OJO: Si se escoge alguna de las preguntas anteriores se deberá modificar la variable independiente y revisar las variables de control.*

# Práctica 2:
# Fermentación dentro de un globo (i)

## Introducción:

La presente práctica es una versión más sencilla de la práctica «carrera de levaduras». En esta práctica, el seguimiento de la fermentación se realiza a través del globo que se coloca en la parte superior del recipiente (cubriendo el orificio del recipiente donde se está desarrollando la fermentación). De modo que la fermentación más rápida inflara el globo más rápido, gracias al $CO_2$ que se desprende y se queda atrapado en el globo.

$C_6H_{12}O_6$ (glucosa) $\rightarrow$ $2C_2H_6O$ (etanol) + 2 $CO_2$ (dióxido de carbono) + 2ATP (energía)

| PRÁCTICA 2: Fermentación dentro de un globo | | |
|---|---|---|
| ¿Me interesa esta práctica? | **OBJETIVOS DE APRENDIZAJE:**<br>• Observar una reacción química.<br>• Identificar procesos cotidianos como reacciones químicas.<br>• Identificar los factores que influyen en la velocidad de una reacción. | |
| | **CONCEPTOS CLAVE:**<br>reacción química, fermen-tación, levaduras. | **CONCEPTOS RELACIONADOS:**<br>reactivos, productos, estados de la materia. |
| | **MATERIAL:**<br>• Vaso de plástico<br>• Harina<br>• Levadura (fresca/seca)<br>• Azúca<br>• Probetas de 50 ml<br>• Baño serológico/ cuenco con agua tibia o incubador<br>• Globos | **TEMPORIZACIÓN:**<br>• 30 minutos de preparación.<br>• 1 hora de toma de datos.<br>• 15 minutos de análisis de resultados y discusión. |
| Aplicamos la indagación: | **PREGUNTA DE INVESTIGACIÓN:**<br>¿La cantidad de azúcar influye en la velocidad de la fermentación que realizan las levaduras? | | |

| | **VARIABLE DEPEN-DIENTE:** velocidad de la fermentación* | **VARIABLE INDEPEN-DIENTE:** cantidad de azúcar. | **VARIABLES DE CONTROL:** cantidad de harina, tipo de harina, cantidad de levadura, tipo de levadura, cantidad de agua, tiempo de incubación. |
|---|---|---|---|

*La velocidad de la fermentación se mide de manera indirecta, en este caso a través de la velocidad a la que se hincha el globo. Al realizar el proceso de fermentación las levaduras desprenden dióxido de carbono y este gas irá llenando el globo.

## Procedimiento:

1. Colocar 100 ml de agua en un vaso.
2. Añadir 6 cucharadas (tamaño postre) de harina y remover hasta que la solución sea homogénea.

3. En otro vaso disolver la levadura (1 cuchara de levadura seca (cucharita de café) / 2 gramos de levadura fresca) en 20 ml de agua y remover hasta obtener una solución homogénea.
4. Añadir la solución de levadura al vaso que contiene la solución de harina y remover.
5. Colocar 50 ml de solución en cada uno de los vasos o probetas.
6. Rotular los vasos o probetas, uno será A y otro B.
7. Añadir 10 gramos de azúcar en el vaso B.
8. Colocar sobre cada probeta/vaso con un globo con tal que cubra toda la apertura superior.
9. Colocar las probetas o vasos dentro de un cuenco con agua caliente, estufa o baño (temperatura óptima de las levaduras 28 ºC).
10. Dejar 30 minutos para que las levaduras se adapten a la nueva situación.
11. Observar que ha pasado con los globos.

**Resultados esperados:**

Aquellos recipientes que estén en unas condiciones más favorables para que tenga lugar la fermentación serán aquellas en las que notaremos que el globo se infla más rápidamente, a causa del desprendimiento del dióxido de carbono por una mayor actividad celular. Aquel recipiente que contenga mayor cantidad de azúcar será, en principio, aquel en el que veremos antes el globo inflarse. En la figura 15 se muestran los resultados esperados para cada condición.

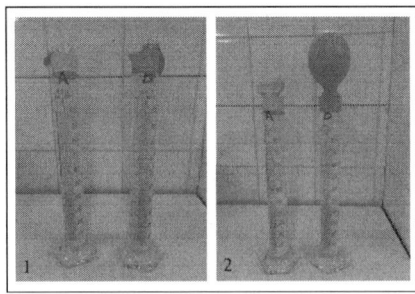

Figura 15. Resultados esperados en cada una de las condiciones analizadas. Momento inicial (1) y transcurrida 1 hora (2).

**Reflexión para el alumno:**

1.  **¿Por qué se infla el globo?**
    En las probetas se está realizando la fermentación alcohólica. Esta reacción bioquímica, que realizan las levaduras, se basa en el consumo de azúcar, este se convierte en alcohol, dióxido de carbono y energía. El dióxido de carbono es un gas, como el que liberamos cuando respiramos. Los gases tienen tendencia a ocupar todo el volumen que se les ofrece. De modo que el gas sube hacia el globo y lo va inflando poco a poco.

2.  **¿Por qué en la probeta con azúcar el globo está más inflado?**
    Las levaduras que fermentan la masa del pan deben convertir primero el almidón (polímero complejo formado por unidades de glucosa) en moléculas aisladas de glucosa para poder realizar la reacción de fermentación. En la probeta B que se ha añadido azúcar (glucosa), las levaduras ya han podido fermentar este azúcar libre mientras convierten el almidón en moléculas de glucosa. En cambio, en la probeta sin azúcar añadido, probeta A, las levaduras necesitan un tiempo para convertir el almidón en azúcar antes de poderlo convertir en alcohol y dióxido de carbono.

3.  **¿Por qué la probeta con azúcar tarda algunos minutos en empezar a inflar el globo?**
    Debemos recordar que las levaduras que se han utilizado (secas o frescas) en ambos casos se han hidratado y necesitan un periodo de adaptación antes de activar su metabolismo y poder realizar el proceso de fermentación.

4.  **¿Por qué el pan o pizza no sabe a alcohol, si es uno de los productos de la fermentación?**
    Porque durante el proceso de cocción del pan o pizza a elevadas temperaturas en el horno el alcohol se evapora y ya no está presente en la masa que nosotros ingerimos. Las cantidades de alcohol producidas son muy bajas comparadas a

las que se producen en las bebidas fermentadas, las cuales parten de concentraciones de azúcar de cerca de 200 g/L.

*#ESCOGE: Hay muchas variables que pueden ser modificadas en este experimento. Se puede estudiar el efecto de la temperatura, la cantidad de azúcar (analizar concentraciones crecientes de azúcar), el tipo de azúcar, por ejemplo, edulcorante, azúcar moreno, el efecto del tipo de levadura (fresca o seca), el tipo de harina de trigo integral y de otros cereales. También se puede probar si influye el tipo de agua, la de grifo (presencia de cloro), agua embotellada.*

*Se pueden testar distintas cantidades de azúcar, poner los recipientes a distintas temperaturas para determinar cuál es la óptima. Se puede modificar el pH de cada recipiente para estudiar su efecto sobre la reacción. Otra opción es usar como sustrato zumo de diferentes frutas para comparar cual tiene más cantidad de azúcar, o podemos comparar la fermentación de zumos de frutas naturales y comerciales para ver qué sustrato es óptimo.*

*#OJO: Recordar que solo se debe modificar una de las variables a la vez. Es decir, solo se debe modificar la variable independiente (la que se quiere observar si sus cambios afectan a la variable dependiente). En la práctica que se ha presentado, la variable independiente era la presencia/ausencia de azúcar.*

# Práctica 3:
# ¿Cómo no hacer yogur? (i)

## Introducción:

El yogur es un alimento producido a partir de la fermentación de los azucares de la leche por medio de bacterias lácticas, especialmente de los géneros *Lactobacillus* y *Estreptococos*. Se puede obtener a partir de la fermentación de cualquier tipo de leche, actualmente predomina la de vaca. La fermentación de la lactosa (principal azúcar de la leche) en ácido láctico da al yogur su acidez, su particular aroma y parte de su sabor. También, al acidificar el producto, evita la contaminación por otras bacterias. Al degradar la lactosa, hace que sea un alimento ideal para intolerantes a este azúcar.

La fermentación láctica es un proceso mediante el cual las bacterias obtienen energía para llevar a cabo sus procesos vitales (se puede ampliar la información sobre este tema consultando el apartado de la introducción). En la figura 5 se puede observar el esquema de la fermentación láctica, en la cual las bacterias transforman la lactosa (disacárido: glucosa + galactosa) en ácido láctico y energía en forma de moléculas de ATP.

La fermentación láctica es una reacción química y como todas las reacciones químicas presenta unas condiciones óptimas en las cuales la reacción tienen lugar de manera rápida. Estas condiciones suelen ser temperatura, pH, concentración de sustrato, entre otras. Para asegurarnos de que el proceso tiene lugar en el menor tiempo posible debemos realizarlo bajo unas condiciones adecuadas de temperatura, así asegurarnos de que no se ha añadido a la leche ningún producto que impida o dificulte la fermentación. Si las condiciones nos son óptimas para que tenga lugar la fermentación, nos encontraremos con alguno de estos escenarios: (i) las bacterias realizarán la fermentación de forma muy lenta, (ii) las bacterias no llegarán a realizar la fermentación, (iii) las bacterias pueden morir.

En casos extremos, si las bacterias lácticas desaparecen, sin llegar a fermentar, pueden aparecer otros grupos microbianos y utilizar las sustancias disponibles para reproducirse y dañar la leche (pudrición, agriado . . . ).

La presente práctica es una indagación sobre cómo identificar qué compuestos presentan actividad antimicrobiana o antibiótica. Ya que, si en algunas de las condiciones del experimento no se forma yogurt, podríamos suponer que las bacterias han muerto y que, por tanto, dicho compuesto presenta actividad antimicrobiana.

| PRÁCTICA 3: ¿Cómo no hacer yogur? | | |
|---|---|---|
| **¿Me interesa esta práctica?** | **OBJETIVOS DE APRENDIZAJE:**<br>• Describir la fermentación láctica.<br>• Identificar qué sustancias presentan actividad antimicrobiana/ antibiótica. | |
| | **CONCEPTOS CLAVE:**<br>fermentación, levadura, control negativo. | **CONCEPTOS RELACIONADOS:**<br>reacción química, energía, metabolismo celular, compuesto antimicrobiano. |
| | **MATERIAL:**<br>• Tubos de plástico con tapón<br>• Yogur<br>• Vinagre<br>• Gradilla para tubos | **TEMPORIZACIÓN:**<br>• Tiempo de preparación de la práctica: 30 minutos.<br>• Tiempo de espera para observar los resultados: 3 días. |

| | PREGUNTA DE INVESTIGACIÓN: ¿La cantidad de vinagre afecta al crecimiento de las bacterias lácticas? | | |
|---|---|---|---|
| Aplicamos la indagación: | VARIABLE DEPENDIENTE: crecimiento de las bacterias* | VARIABLE INDEPENDIENTE: concentración de vinagre tipo de leche (entera/ semidesnatada). | VARIABLES DE CONTROL: cantidad de leche, cantidad de bacterias (yogur), condiciones ambientales (luz, temperatura, humedad . . . ). |

*Lo medimos indirectamente, ya que analizamos si realizan fermentación láctica y, por tanto, si fabricaban yogur o no. Si las bacterias mueren por efecto del vinagre o presentan una actividad metabólica baja debido a que no se encuentran en sus condiciones óptimas (en este caso modificación del pH), esto repercute en su metabolismo. En este caso, no realizan la fermentación láctica y, por tanto, no fabricaran yogurt.

## Procedimiento:

1. Preparar una batería de tubos transparentes.
2. Colocar unos 50 ml de leche en un recipiente.
3. Añadir yogur a la leche, un par de cucharadas y mezclar hasta que sea homogéneo (con esto aseguramos que la cantidad de yogur es igual en todo el experimento (es equivalente a la cantidad de bacterias que es una variable de control).
4. Distribuir unos 10 ml en cada tubo.
5. Añadir a cada tubo una cantidad creciente de vinagre. Por ejemplo, 1 gota, dos gotas..., o hacer una serie de diluciones del vinagre y, a partir de estas, poner una cantidad determinada, por ejemplo, 0,5 ml. Dejar un tubo sin vinagre (control negativo del experimento).

*#OJO: Marcar los tubos con un rotulador permanente para saber qué condición corresponde a cada tubo.*

*#OJO: Es importante tener un tubo al que añadiremos leche y yogur, pero no vinagre, este será nuestro control negativo que nos mostrará cómo se desarrollará el proceso en condiciones normales.*

6. Dejar los tubos en reposo durante 3 días. En un sitio a temperatura templada preferiblemente a 28 °C.
7. Pasado este tiempo, invertir los tubos con cuidado, observar y tomar fotografías.

## Resultados esperados:

En este experimento utilizamos yogur comercial, ya que contiene las bacterias que nos permitirán realizar esta práctica. El yogur es de los pocos alimentos que podemos consumir que contiene bacterias, siendo un alimento con propiedades probióticas. Al añadir leche fresca, actúa como un sustrato nuevo que, en las condiciones adecuadas, permitirá realizar la fermentación láctica obteniendo nuevamente yogur, esto se puede ver fácilmente por la coagulación de la leche. Las bacterias se dejan crecer durante 3 días. En este caso, probamos en leche entera en las figuras 16A y 16B, y leche semidesnatada en las figuras 16C y 16D. Pasado este tiempo se invierten los tubos y se observa la consistencia del medio.

Si nuestro experimento ha funcionado correctamente, el tubo que corresponde al control negativo (recordar que este tubo no contenía vinagre) deberá haber cuajado, es decir, se deberá haber formado yogur pasando de estado líquido a sólido. Al invertir el tubo, el yogur quedará solidificado en la parte inferior, de modo que no descenderá cuando lo giremos del revés. En el resto de los tubos, el yogur habrá cuajado más o menos dependiendo de las condiciones que se hayan probado, en este caso, la cantidad de vinagre añadida.

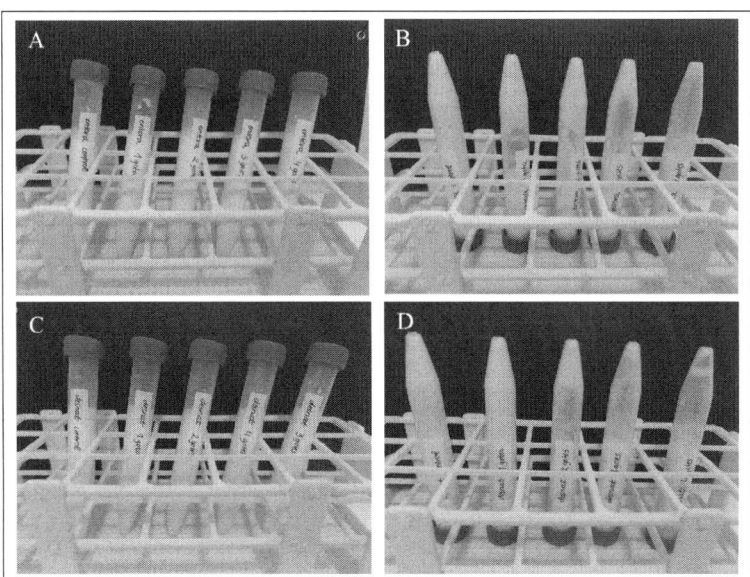

**Figura 16.** Imágenes del experimento de la elaboración de yogur con presencia de cantidades diferentes de vinagre. Las imágenes A y B son la misma batería de tubos, preparados con leche entera. Las imágenes C y D corresponde a preparados con leche semidesnatada. En la fotografía A y C están en reposo, en B y D se han girado para comprobar la producción de yogur al tercer día del experimento. El primer tubo de cada serie es el control negativo sin vinagre, en el segundo tubo se ha añadido una gota de vinagre, en el tercero, dos gotas, en el cuarto, tres gotas y, al último, 4 gotas.

En la figura 16A y 16C se muestra la serie de tubos al inicio del experimento, en todos ellos, siguiendo el protocolo detallado anteriormente, se puso leche y un poco de yogur. El yogur es la fuente de bacterias lácticas. El tubo control (primer tubo por la izquierda) no contiene nada más tal como se ha descrito anteriormente, en los siguientes tubos se fueron añadiendo gotas de vinagre desde 1 gota (segundo tubo) hasta 4 gotas (último tubo).

En la figura 16B y 16D, se muestran los tubos invertidos el tercer día del experimento y se observa la consistencia de la leche fermentada en cada uno ellos. En el primero de ellos, que es el control negativo, se observa como el yogur ha cuajado bastante, y este se ha quedado retenido en la parte inferior del tubo. A medida que la concentración de vinagre va aumentando en el resto de los tubos se observa que el yogur cuaja menos. En la última condición que contenía 4 gotas de vinagre, se observa que, al cabo de 3 días, no ha tenido lugar la fermentación (no se ha formado yogurt).

Se puede concluir que el vinagre, al modificar el pH del medio en cual crecen las bacterias, afecta, por un lado, el pH óptimo de la reacción de fermentación impide que esta reacción se pueda llevar a cabo y, a lo largo del tiempo, el pH afecta al crecimiento de las que no son capaces de hacer frente a este cambio en el medio y mueren. Para el experimento se han empleado dos tipos de leche distintos: leche semidesnatada y entera; observando el mismo resultado en ambos casos.

Según los resultados de la práctica sí se podría afirmar que el vinagre tiene efecto antimicrobiano según la cantidad/concentración que se emplee.

*#PARASABERMÁS: Los organismos unicelulares, como las bacterias o las levaduras, no son tan resistentes a los cambios externos como los organismos pluricelulares. Estos organismos unicelulares están compuestos por una única célula y cualquier cambio en las condiciones ambientales a las que los sometamos provocan estrés celular y puede acabar causándoles la muerte. El estrés celular daña las células y hace que la célula active ciertos mecanismos para protegerse, dos de los más importantes son: (i) activar la membrana celular, que protege físicamente la célula y es la primera línea de defensa, y (ii) la activación de algunas reacciones metabólicas que se desencadenan cuando la célula percibe un estrés. Estas reacciones metabólicas pueden ser específicas para un estrés en concreto, por ejemplo, una temperatura demasiado elevada o la presencia de una sustancia diferente que causa cambios en su ambiente (vinagre) y/o que no pueden consumir o metabolizar. Por el contrario, puede ser una respuesta de estrés inespecífica que la bacteria o levadura activará cada vez que se*

vea en peligro, por ejemplo, la síntesis de lípidos y proteínas para reforzar la membrana celular y que esta sea más resistente.

*#OJO: Si esperamos muchos días para tomar las fotografías de nuestra batería de tubos puede que los veamos todos cuajados y convertidos en yogur y pensemos que nuestro experimento no ha funcionado, se debe ir vigilando día a día cómo se va transformando la leche en yogur.*

*En el experimento que proponemos como ejemplo, se esperó 3 días para tomar las fotografías y se observaron los resultados que se muestran en la figura 8. No obstante, se dejan los tubos unos días más y todos acabarán cuajando, solo que, a diferente velocidad, mostrando que la condición óptima de fermentación de entre las analizadas era «ausencia de vinagre», pero que las cantidades de vinagre testadas no era suficientemente tóxicas para matar a las bacterias lácticas.*

El objetivo de aprendizaje de esta indagación es «identificar qué productos tienen mayor poder antimicrobiano», aun así, está práctica tiene muchas variables que son susceptibles a ser modificadas y se podrían plantear otros objetivos de aprendizaje más concretos en función de la elección de las variables.

*#ESCOGE: Esta actividad práctica permite desarrollar muchas variantes de la actividad indagatoria presentada, ya que son muchos los productos y condiciones que se pueden evaluar. Ver tabla 9.*

**Tabla 9.** Presenta las variables que pueden ser susceptibles de modificarse para realizar otras indagaciones mediante el mismo diseño experimental.

| Variable a modificar | ¿Cómo la modifico? | Objetivo de aprendizaje |
|---|---|---|
| El producto antimicrobiano | Vinagre, limón, agua de tomillo u otras plantas con poder antimicrobiano, ajo, medicinas, jabones y productos de limpieza, alcohol y desinfectantes hidroalcohólicos . . . | Identificar qué productos tienen mayor poder antimicrobiano. |
| Las bacterias | Diferentes marcas y tipos de yogures o bebidas fermentadas lácticas (yogur líquido, kéfir . . . ). | Identificar qué cultivo iniciador es más sensible y cuál más resistente y que sea, por tanto, más idóneo para realizar la fermentación láctica. |
| Las condiciones ambientales | pH, temperatura . . . | Identificar cuáles son las condiciones ambientales óptimas para que tenga lugar la fermentación láctica. |
| El medio | Usando diferentes tipos de leche:<br>• desnatada, semidesnatada, entera.<br>• de vaca, de cabra, de avena, de almendra, de soja . . .<br>• diferentes marcas comerciales.<br>• entera y sin lactosa. | Identificar qué tipo de leche es el medio óptimo para ser fermentada y transformada en yogur por parte de las bacterias lácticas. |

*#OJO: Esta práctica puede ser modificada por el docente y por el alumnado como se quiera, pero se debe tener en cuenta que pH muy bajos y temperaturas muy altas afectan directamente la leche, haciendo que las proteínas de esta precipiten y no se produzca yogur. Por lo tanto, no es aconsejable poner grandes cantidades de vinagre o zumo de limón (porqué al ser ácidos bajaran el pH de la leche) ni aumentar mucho la temperatura.*

**Reflexión para el alumnado:**

1. **¿Cómo sabemos si ha tenido lugar la fermentación láctica?**
   Si ha tenido lugar la fermentación láctica la leche se habrá convertido en yogur y, por tanto, tendrá una consistencia más sólida. Si al invertir el tubo, parte del contenido queda retenido en la parte inferior del tubo, significará que la leche ha cuajado y se ha producido yogur.

2. **¿Qué condición (cantidad de vinagre) es la óptima para que se produzca la fermentación?**
   En el caso de este ejemplo de práctica que os proponemos, la variable a modificar ha sido la cantidad de vinagre. La condición óptima ha sido la del control negativo, en ausencia de vinagre, seguido por las concentraciones más bajas del mismo. Por lo que el vinagre no favorece el proceso de fermentación.
   Los docentes pueden modificar la pregunta de investigación en función de las variables elegidas.

3. **¿Por qué el vinagre dificulta el desarrollo de la fermentación/de la reacción química?**
   Se puede afirmar con certeza que el vinagre es una sustancia que impide (inhibe) el crecimiento de las bacterias lácticas. A concentraciones bajas de vinagre, el cambio en el pH del medio dificulta/enlentece la reacción de fermentación, ya que el vinagre es un ácido y bajará el pH de nuestro medio de cultivo, la leche en este caso. Si la fermentación láctica, que es la manera como las bacterias obtienen energía para crecer, se enlentece debido al cambio en el pH, las bacterias no pueden obtener energía para vivir y pueden llegar a morir. En los tubos con concentraciones muy levadas de vinagre las bacterias mueren directamente por incapacidad de adaptarse al cambio brusco de pH del medio.

*#COMPRUÉBALO: Puedes hacer el seguimiento de pH de tu fermentación láctica con tiras reactivas de pH.*

4. **¿Podemos asegurar que en el yogur había bacterias, aunque no las veamos?**

Sí, puesto que estos organismos microscópicos son los responsables de la fermentación láctica que ha transformado la leche en yogur.

*#COMPRUÉBALO: Si deseáis observar las bacterias del yogur, podéis preparar una muestra y observarla en el microscopio óptico tenéis toda la información en el apartado de la introducción.*

5. **¿Era determinante para nuestro estudio el tipo de leche para el desarrollo de la fermentación?**

En nuestro caso se observa que no, ya que los resultados son muy similares en la batería de tubos con el medio «leche entera» y con el medio «leche semidesnatada», aunque deberíamos probar otros tipos de leches y marcas para poder afirmar esto. De todos modos, este resultado se puede justificar, ya que la diferencia entre ambas leches es la cantidad de lípidos (grasa), moléculas que no intervienen en la fermentación láctica estudiada. Recordamos que el sustrato de la reacción es la glucosa (un azúcar sencillo que provienen de la lactosa presente en la leche). Otros tipos de leche, por ejemplo, la leche de avena, almendras y soja, hemos visto que tienen muchas más dificultades en cuajar *#COMPRUÉBALO.*

6. **Si dejamos los tubos unos días más de lo previsto observamos que todos acaban cuajando. ¿Por qué pasa esto? ¿Es que nuestro experimento no ha funcionado?**

Si vemos que, en todas las condiciones, incluso aquellas en las que se ha añadido vinagre, las bacterias lácticas han fermentado, significará que el vinagre ha ralentizado el proceso al acidificar el medio, poco a poco van fermentando los azucares y proteínas, haciendo que el pH del medio cambie y realicen el proceso.

Aunque no haya llegado a matarlas, el vinagre puede afectar al desarrollo de la fermentación, esta se podría realizar más despacio o tardar más en producirse. Por lo que, para poder observar los resultados correctamente, hay que hacer un seguimiento diario de nuestra batería de tubos.

*#PARASABERMÁS: La leche sin lactosa puede ser un sustrato interesante para realizar indagaciones empleando la fermentación láctica. Se puede pensar que la leche sin lactosa durante su procesado lo que se ha hecho ha sido eliminar la lactosa de la composición de la leche. Sin embargo, no es así, para eliminar la lactosa, lo que se hace durante su procesado es romper este disacárido en los dos azucares sencillos que la componen (glucosa y galactosa). De modo que la leche sin lactosa ya presenta la glucosa libre para que las bacterias lácticas la puedan utilizar como sustrato de la fermentación. De modo que sería interesante realizar la práctica utilizando leche entera (presenta lactosa en su composición que las bacterias deberán convertir en glucosa y galactosa antes de usarla como reactivo de la fermentación. Mientras que la leche sin lactosa ya presenta la glucosa libre #COMPRUÉBALO.*

# Práctica 4:
# Cazando microorganismos (i)

## Introducción:

Lavarse las manos con frecuencia y correctamente puede prevenir que enfermemos. Hemos entendido su importancia sobre todo durante el estado de emergencia sanitaria con la pandemia por la COVID-19. Pero la mayoría de nosotros no nos desinfectamos las manos correctamente. Aun así, no podemos perder de vista que tenemos un microbiota (microorganismos propios) que viven en nuestra piel, el correcto lavado de manos hace que disminuyan estos microorganismos en número y diversidad, y se mantengan en una cantidad favorable evitando que pasen a alimentos, heridas, etc.

Los centros para la enfermedad y la prevención (CDC) recomiendan un proceso en varios pasos:

1. Mojarse las manos con agua limpia y corriente (tibia o fría), cerrar el grifo y aplicar jabón.
2. Enjabonar las manos frotándolas con el jabón. Asegurarse de enjabonar el dorso de las manos, entre los dedos y debajo de las uñas.
3. Frotarse las manos como mínimo 20 segundos.
4. Enjuagar bien las manos con agua limpia y corriente.
5. Secarse las manos con una toalla limpia o al aire.

Una alternativa si no podemos lavarnos las manos con tanta frecuencia como quisiéramos, como bien sabemos, es lavarse las manos con un desinfectante a base de alcohol. Asegurarse de que contenga como mínimo un 60 % de alcohol. Frotar las manos con el desinfectante y dejar que se seque. Desinfectarnos las manos con gel hidroalcohólico no nos exime de lavarnos las manos con frecuencia.

| PRÁCTICA 4: Cazando microorganismos | | |
|---|---|---|
| ¿Me interesa esta práctica? | **OBJETIVOS DE APRENDIZAJE:**<br>• Analizar el efecto del lavado de manos en presencia de microorganismos.<br>• Diferenciar las colonias de hongos, levadura y bacterias. | |
| | **CONCEPTOS CLAVE:** microorganismo, levadura, bacteria, hongo, control negativo. | **CONCEPTOS RELACIONADOS:** esterilidad, desinfección. |
| | **MATERIAL:**<br>• Pan de molde (mejor que sea artesano, evitar uno que contenga muchos conservantes, como los que son sin corteza)<br>• Bolsa de plástico con cierre en zip | **TEMPORIZACIÓN:**<br>• Tiempo de preparación de la práctica: 30 minutos.<br>• Tiempo de espera para observar los resultados: 3-5 días. |
| Aplicamos la indagación: | **PREGUNTA DE INVESTIGACIÓN:**<br>¿Qué tipo de lavado de manos elimina mayor cantidad de microorganismos presentes en las mismas? | |
| | **VARIABLE DEPENDIENTE:** cantidad de microorganismos. | **VARIABLE INDEPENDIENTE:** tipo de lavado de manos (agua, jabón, gel hidroalcohólico). |

**VARIABLES DE CONTROL:** mismo alumno que se lava las manos, mismo tiempo de presionar la rebanada de pan, las condiciones ambientales donde se dejan las rebanadas de pan de molde (humedad, temperatura y luz).

## Procedimiento:

1.  Coger una rebanada de pan de molde y humedecerla (puede ser de ayuda el uso de un vaporizador), con la ayuda de unas pinzas limpias introducirla en una bolsa de plástico limpia y cerrarla herméticamente. Esta rebanada será el control negativo.

    *#OJO: Es importante mojar el pan para mantenga la humedad dentro de la bolsa y puedan crecer los microorganismos. Si el pan se seca, no podrán crecer. Se debe empapar bastante el pan para que este no se seque y puedan crecer los hongos, pero no se debe empapar demasiado o sumergir en agua, ya que si no el pan se deshace y no se pueden observar bien los hongos cuando crecen en su superficie.*

2.  Coger otra rebanada de pan y mojarla. Colocar una mano (sin lavar) sobre la rebanada presionar levemente unos segundos (siempre deben ser los mismos segundos en todas las rebanadas), guardar en otra bolsa y cerrar herméticamente.
3.  El mismo estudiante debe lavarse las manos solamente con agua y colocar la mano encima de una rebanada de pan (previamente humedecida), y presionar sobre el pan los mismos segundos que en el paso anterior. Seguidamente con la ayuda de unas pinzas se coloca en una bolsa y se cierra herméticamente.
4.  El mismo estudiante debe lavarse las manos con agua y jabón (según protocolo anterior) y colocar la mano encima de otra rebanada de pan (previamente humedecida), se coloca en una nueva bolsa y se cierra herméticamente.
5.  El mismo estudiante finalmente se limpia las manos con gel hidroalcohólico y procede como en los casos anteriores.
6.  Cada una de las rebanadas de pan debe ir en una bolsa individual, cerrada y debidamente marcada.
7.  Tomar todas las bolsas debidamente marcadas, y bien cerradas y dejarlas en un sitio seco y fresco.

8. Observar las rebanadas a diario y anotar las observaciones que se consideren interesantes (número de microorganismos, color, tamaño, etc.).

*#OJO: Es muy importante ni sacar ni abrir las bolsas antes de que finalice la práctica, ya que podrían contaminarse las muestras con otros microrganismos.*

## Resultados esperados:

En pocos días se observa como el moho comienza a aparecer. Se puede pedir al alumnado que cuando el moho ha empezado a crecer, con una regla midan la extensión sus colonias (medir el diámetro) y anoten todas las observaciones posibles, colores, tipos. Se pueden dibujar o ir tomando fotos de la evolución para registrar los cambios a lo largo del tiempo. Los mohos normalmente son los más abundantes debido a la cantidad de esporas que hay dispersas por el ambiente. Es el mismo tipo de colonias típicas que se encuentran en las frutas y en el pan en casa cuando se nos pudren, con micelios o hifas (que se asemejan al terciopelo). Las bacterias y levaduras, aunque presentes, son menos comunes por el tipo de sustrato (pan).

A continuación, se muestra un ejemplo del experimento (figura 17). En este experimento en concreto solo se analizaron dos condiciones las manos sucias (sin lavar) y las manos lavadas con agua y jabón.

Tres niñas y un niño realizaron el experimento, viven en la misma casa, por lo que tienen la misma rutina. Pusieron cada uno de ellos la mano sobre una de las rebanadas de pan y luego se lavaron las manos con agua y jabón. Seguidamente pusieron su mano sobre otra rebanada de pan. Las rebanadas de pan se pusieron dentro de bolsas de plástico tipo zip y se dejaron todas en el mismo lugar durante unos días. Al cabo de una semana se sacaron las rebanadas de las bolsas para observar los resultados.

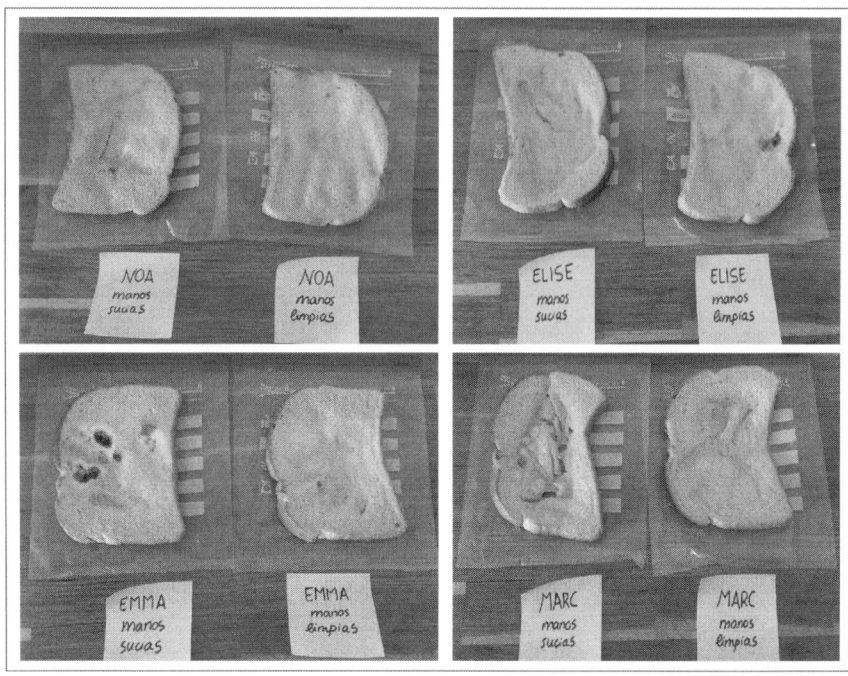

**Figura 17.** Presentan los resultados del experimento realizado con diferentes niños.

Noa y Elise tienen 8 y 6 años respectivamente, no se ha observado la aparición de muchos hongos en las manos sucias y no se ven diferencias significativas respecto a las manos limpias, sobre todo en el caso de Noa.

Emma y Marc tienen los dos 4 años, se observa que, aunque han realizado las mismas actividades que Noa y Elise, tienen más hongos presentes en sus manos en las rebanadas antes de lavarse las manos.

En el caso de las rebanadas que corresponden a Emma y Marc, los más pequeños, se observan muchos más hongos antes de lavarse las manos que después de lavárselas.

*#PARASABERMÁS: Si se dispone de un microscopio o lupa binocular se pueden observar los hongos de manera ampliada para ver su aspecto y observar diferencias entre ellos. Su identificación puede ser difícil si no somos expertos, pero se puede observar que presentan mor-*

*fologías diferentes. Si la visualización es mediante lupa binocular no será*
*necesario realizar ninguna preparación. Mientas que para poder realizar*
*una observación al microscopio será necesario realizar una preparación*
*(se explica este procedimiento en la introducción).*

## Reflexión para el alumnado:

1. **Reflexión sobre el papel de control negativo.**
   El control negativo es un elemento importante, ya que nos informa si el diseño del experimento y su desarrollo han sido correctos. En esta muestra no debería haber crecido ningún tipo de microorganismos.

2. **¿Qué tipo de microorganismos han crecido en la rebanada correspondiente al no lavarse las manos?**
   Es interesante poder identificar que microorganismos están presentes en nuestras manos, ¿cuáles de ellos son los más representativos? ¿Hongos, levadura o bacterias? Con la información que aparece en la introducción será fácil que el alumnado identifique a qué tipo de microorganismo pertenecen las colonias que han crecido en las rebanadas de pan de molde.

3. **¿El tiempo elegido de contacto con la rebanada de pan ha sido suficiente?**
   El tiempo sugerido de contacto entre la mano y la rebanada de pan es de entre 15 y 30 segundos. Es decir, por debajo de 15 segundos quizás no se observen muchas colonias, y por presionar más de 30 segundos necesariamente se observarán más microorganismos. De hecho, para responder a esta pregunta se podría planificar otra indagación en la que se presionará a intervalos crecientes (la misma mano del mismo alumno, lavada y sin lavar) para determinar el inter-

valo de tiempo óptimo para obtener resultados fidedignos. *#COMPRUÉBALO.*

4. **Reflexionar sobre la eficacia de cada tipo de desinfección.** ¿Lavarse las manos con jabón elimina más tipos/cantidad de microorganismos que lavarse las manos solamente con agua? ¿Lavarse con gel hidroalcohólico elimina más tipos/cantidad de microorganismos? ¿El gel hidroalcohólico permite una desinfección total?

Cada tipo de lavado (agua, agua y jabón, gel hidroalcohólico) presenta diferente efectividad. Así, si solo se lavan las manos con jabón deberían aparecer menos microorganismos que sin lavarnos las manos, pero más que si se lavan con agua y jabón o con gel hidroalcohólico.

*#ESCOGE: Una alternativa puede ser probar de lavarse las manos con soluciones con un porcentaje creciente de alcohol para ver qué concentración es la óptima para eliminar el mayor número de microorganismos.*

*También se pueden probar distintos tipos de jabones o detergentes (jabones artesanales, diferentes macas comerciales. . .).*

*Una vez se ha escogido qué tipo de jabón elimina mayor cantidad/ variedad de microorganismos se puede investigar cuál es el mejor secado de manos para mantenerlas libres de microorganismos. Se puede escoger entre: secarlas con toalla, con papel de cocina, con secador de manos, al aire. . .*

*#ESCOGE: Se pueden observar los microorganismos presentes en cualquier objeto o superficie, con algodón o palillos de los oídos, y pasarlo por encima del pan o con la rebanada de pan cogida con pinzas, se puede recoger una muestra, por ejemplo, de suelo, una hoja, un tronco de árbol, el pomo de una puerta, la superficie de la mesa, el lápiz que usamos en clase, la pantalla y teclado del ordenador o el aire, dejando la rebanada 30 minutos encima de la bolsa y seguidamente colocar la rebanada en la bolsa y cerrar herméticamente.*

Por tanto, como veis, esta indagación presenta un sinfín de variantes a través de las cuales os podréis convertir en auténticos cazadores de microbios. En las rebanas de pan suelen observarse básicamente hongos (moho), las bacterias y levaduras cuesta observarlas, ya que son blancas como el pan. Si se desea observar levaduras y bacterias, la mejor manera es utilizar placas de Petri con medio (puede ser un caldo de pollo con gelatina para cocinar). En las placas es mucho más fácil observar todos los tipos de microorganismos (bacterias, levadura y hongos).

> #PARASABERMÁS: Si se lavan las manos solo con agua se eliminarán algunos microorganismos por la fricción realizada al frotarse las manos. Al usar jabón, además del efecto de la fricción, también se le une la acción de los tensioactivos, compuestos químicos que están presenten en la composición de jabones y detergentes. La función de los tensioactivos es disminuir la tensión superficial del agua. Esto significa que los tensioactivos disminuyen las fuerzas de atracción entre un sólido y un líquido, permitiendo que el agua penetre en la suciedad (manchas de la ropa) favoreciendo su eliminación. En el caso de los microorganismos presentes en nuestra piel, los tensioactivos se unen a la pared de los microorganismos, penetran dentro de la célula e interaccionan con los lípidos que se solubilizan y provocan que la membrana de los microorganismos pierda su integridad, también provoca la lisis celular y, por tanto, la muerte de los microrganismos.

# Práctica 5:
# Una ventana al mundo microbiano:
# La columna de Winogradsky (i/d)

## Introducción:

La columna de Winogradsky debe su nombre al microbiólogo ruso Serguéi Winogradsky, quien la diseñó para estudiar los microorganismos del suelo. Fue el primero en estudiar los microorganismos fuera del ámbito de la medicina, centrándose en la ecología microbiana y un pionero en microbiología ambiental y de los conceptos de ciclos vitales.

La columna es un sistema completo y autónomo de reciclado, mantenido solo por la energía de la luz. Es un método efectivo para enriquecer y aislar los microorganismos, ya que proporciona las condiciones más naturales para su desarrollo y, a largo plazo, fuente de todos los tipos de bacterias que participan en el ciclo de nutrientes a través de la quimioautrófia, es decir, son organismos quimioautótrofos. Este proceso demuestra que el dióxido de carbono ($CO_2$) se puede convertir en carbono orgánico sin la intervención de la clorofila y la luz; gracias a reacciones realizadas por microorganismos oxidantes de azufre, de hierro, reductores de sulfato, metanógenos, ciclo de nitrógeno, etc.

La interdependencia que llega a existir entre estos ciclos lleva al desarrollo consecutivo de diferentes comunidades microbianas a lo largo del tiempo, provocando una sucesión, la cual cambia la composición de la columna y afecta la actividad de otros microrganismos. La interacción entre las diferentes comunidades microbianas permite estudiar cómo influye el tipo de fuente de energía al compartir un mismo hábitat.

Muchas de estas comunidades viven a lo largo de gradientes (figura 18). A medida que se desarrolla la columna, imita los gradientes naturales, particularmente en oxígeno y sulfuro. En la tabla 18, se exponen las zonas de crecimiento que corresponden a los gradientes de oxígeno y sulfuro, algunos de los microorganismos encontrados frecuentemente en los diferentes hábitats de acuerdo con su grupo metabólico.

Preparar una columna de Winogradsky es una excelente manera de aprender sobre los microorganismos. Permite cambiar una gran cantidad de parámetros: como tierra de diferentes zonas, probar diferentes tipos de agua (de río, del mar, de lluvia, etc.), cambiar la temperatura, intensidad de la luz, entre otros. Permite indagar sobre temas de ecología, microbiología, biodiversidad, evolución y otros conceptos relacionados con la biología.

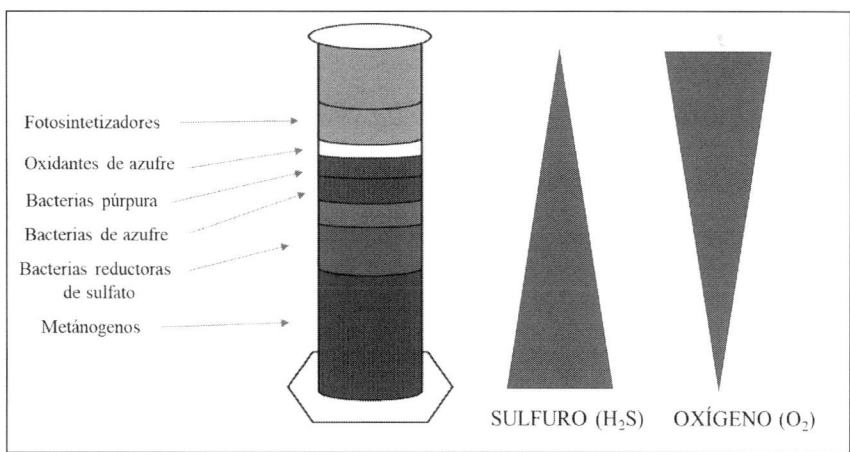

**Figura 18:** Representación de los gradientes de oxígeno $(O_2)$ y sulfuro $(H_2S)$ que se desarrollan en una columna Winogradsky y el tipo de microrganismos que se encuentran en cada zona de la columna.

Sin embargo, toma semanas para que se pueda ver algún cambio de color, al principio solo se ve color de tierra y lentamente entre 4 a 8 semanas se van desarrollando diferentes colores, indicando que hay diferentes microorganismos creciendo en la columna.

| PRÁCTICA 5: Una ventana al mundo microbiano | | | |
|---|---|---|---|
| **¿Me interesa esta práctica?** | **OBJETIVOS DE APRENDIZAJE:**<br>• Observar una comunidad microbiana.<br>• Identificar diferentes tipos de microorganismos.<br>• Observar cómo influyen las diferentes fuentes de alimento en el tipo de microorganismo que puede desarrollarse. | | |
| | **CONCEPTOS CLAVE:**<br>microorganismo, gradiente, comunidad microbiana, simbiosis, ecosistema. | **CONCEPTOS RELACIONADOS:**<br>anaeróbico, aérobico, fotosíntesis, ciclo del carbón, ciclo del oxígeno, ciclo del azufre. | |
| | **MATERIAL:**<br>• Cubeta, pala (recoger muestras en el campo)<br>• Cuchara<br>• Cuencos<br>• Frasco alto o botella de plástico<br>• Tijeras<br>• Envoltura de plástico<br>• Banda elástica<br>• Ingredientes básicos:<br>Barro (fuente de microbios)<br>Agua (fuente de microbios)<br>Yema de huevo o sulfato de calcio (fuente de azufre)<br>• Periódico (fuente de carbono orgánico)<br>Luz solar o lámpara (fuente de luz) | | **TEMPORIZACIÓN:**<br>• 30 minutos de preparación.<br>• 4-8 semanas de seguimiento.<br>• 1 hora de análisis y discusión de los resultados. |
| **Aplicamos la indagación:** | **PREGUNTA DE INVESTIGACIÓN:**<br>¿Cómo influye el tipo de fuente de carbono en el desarrollo de comunidades microbianas? | | |
| | **VARIABLE DEPENDIENTE**<br>Patrón de microrganismos. | **VARIABLE INDEPENDIENTE**<br>Fuente de carbono. | **VARIABLES DE CONTROL**<br>Fuente de agua, la luz solar, dimensión recipiente. |

Esta práctica puede desarrollarse como una demostración con el alumnado más pequeño y con los ciclos superiores de educación primaria pueden presentarse como una indagación.

## Procedimiento:

1. Trazar una línea en la botella sobre ¼ de la boca y luego otra línea a ¼ de la base.
2. Recolectar algo de lodo, barro, fango y agua.
3. Cortar papel de periódico en trozos pequeños.
4. En un bol, añadir la yema de huevo (crudo o medio hervido), el periódico y una pequeña cantidad de lodo, suficiente para llenar ¼ de la botella. Si se desean incluir más ingredientes, se añaden a esta mezcla (ver apartado *#ESCOGE*).
5. Llenar ¼ de la botella con la mezcla.
6. Añadir más lodo hasta la línea superior.
7. Añadir agua hasta el final. Dejar una pequeña cantidad de espacio.
8. Cubrir la botella con el tapón, pero no cerrar fuerte (no herméticamente), ya que la botella podría explotar debido a los gases producidos por los microbios.
9. Dejar la columna a la luz solar o bajo una lámpara.
10. Observar y anotar los cambios durante las próximas 4 a 8 semanas.

*#ESCOGE: Si se desea, se puede generar una práctica indagatoria diferente, en este caso, el objetivo será observar el efecto de la luz sobre la columna (pregunta de investigación: ¿Cómo influye la luz en el desarrollo de la columna?). Se deberán preparar 2 botellas exactamente iguales, pero una se cubrirá con papel de aluminio (para evitar el efecto de la luz) y la otra será expuesta a la luz solar.*

En la figura 19 se representa el proceso de preparación de la mezcla que será introducida dentro de las distintas botellas o columnas.

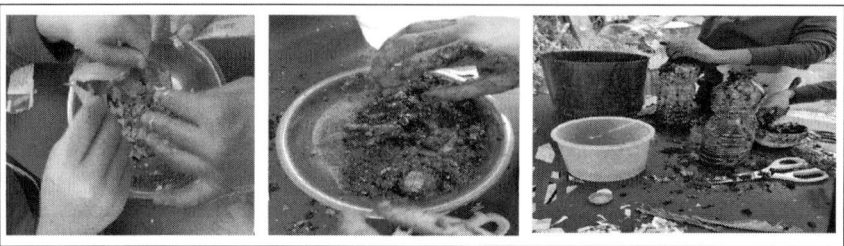

**Figura 19.** Muestra la preparación de la materia orgánica para rellenar posteriormente las botellas.

### Resultados esperados

* Es un cilindro transparente lleno de agua y tierra húmeda, suplementado con una fuente de carbono orgánico (papel periódico, serrín, carne . . . ), y otra de azufre (yema de huevo, sulfato de calcio). Se incuba cerca de una fuente lumínica, preferiblemente por encima, y se deja que los microorganismos hagan el resto. Durante semanas se forma un gradiente de oxígeno y otro de sulfuros, los cuales determinan una amplia variedad de ambientes en los que se disponen diferentes especies microbianas.

* Al cabo de unas semanas, dependiendo de los ingredientes y condiciones probadas, se puede observar en las columnas capas con colores, esto depende de los microorganismos que se logran establecer en cada una de ellas. Entre más alta sea la botella, se podrá diferenciar más esta estratificación. Una botella que ha sido expuesta a la luz, por ejemplo, se podrá observar en la capa más alta, que son las cianobacterias, caracterizadas por el color verdoso de sus cloroplastos, a medida que desciende, la disponibilidad de oxígeno disminuye, por lo tanto, los microorganismos

se van estratificando desde los aerobios estrictos, aerobios facultativos, anaerobio facultativo y anaerobios estrictos en las capas más bajas (Figura 20).

**Figura 20.** En la figura 20A se muestran diferentes condiciones testadas en el momento inicial del experimento y en la figura 20B transcurridos 3 meses. Al primer bote se le añadió bicarbonato, al segundo vinagre y el tercero y cuarto presentan la misma base orgánica, pero uno se dejó expuesto a la luz y el otro no.

- Los diferentes sustratos que se pueden probar, o diferentes tipos de tierras, permiten proliferar un tipo u otro de microorganismo. Se puede observar por los colores presentes en las capas que se forman. La gran ventaja de una columna es la fácil disponibilidad de los microorganismos para este cultivo de enriquecimiento. A la columna se le puede adicionar un compuesto en particular, cuya degradación se desea estudiar y dejar que se autoseleccione algún organismo que lo degrade. Después de un enriquecimiento en la columna se puede realizar el aislamiento en medios con agar para obtener especies con valor biotecnológico.

- Se establecen gradientes de oxígeno, nutrientes y luz. Diferentes tipos y cantidades de microbios se adaptan a los diferentes nichos donde se solapan estos gradientes creando un ecosistema estratificado definido por su potencial metabólico.

*#ESCOGE: Los resultados precisos de cada columna de Winogradsky variarán ampliamente según sus condiciones de incubación y sus hábitats de origen. Otros ingredientes que se pueden probar:*

- *Lodo de diferentes orígenes (tierra cerca de rio, arena de mar, tierra de huerto, etc.)*
- *Paja*
- *Hojas*
- *Madera*
- *Metal (hierro, trozo de esponja metálica)*
- *Conchas*
- *Partes de insectos*
- *Sal (25/ 50 gr por columna, para selección halófilas)*
- *Sal de Epson*
- *Fuente de ácido*
- *Fuente alcalina (Bicarbonato de sodio)*
- *Temperatura radiador (bacterias termófilas), refrigerador (psicrófilos)*

*En esta indagación se escogió modificar el tipo de sustrato de cada frasco (añadir ingredientes, diferentes orígenes de la tierra), pero se podría modificar la variable independiente y preparar dos frascos iguales y colocarlos en condiciones lumínicas diferentes, un frasco en un sitio luminoso y el otro en un sitio oscuro. ¿Qué pasaría con la primera capa de microrganismos fotosintéticos en ausencia de luz? ¿Sin esta primera capa podrían desarrollarse los microrganismos que suelen aparecer en las capas inferiores?*

**Reflexión para el alumnado:**

Observe las capas de cada una de las columnas Winogradsky modificadas. Tome nota de lo siguiente:

- *¿Las columnas muestran el mismo número de capas?*
- *¿Las capas tienen el mismo color y grosor?*
- *¿Las capas se producen a las mismas profundidades?*
- *¿Cuánto tiempo tarda se desarrolló cada columna?*
- *¿Una columna se desarrolló más lentamente que las otras?*


1. **¿Qué pasa en la columna expuesta a la luz?**

En una columna característica las algas y cianobacterias aparecen rápidamente en la parte superior de la columna (botella) de agua; al producir oxígeno a través de la fotosíntesis hacen que esta capa sea aeróbica. El oxígeno no es muy soluble en agua y disminuye por debajo de esta capa y crea un gradiente de oxígeno, que va desde altas concentraciones de oxígeno en las capas superiores hasta ausencia de oxígeno en las capas inferiores. La capa oxigenada se llama la capa *aeróbica* y la capa sin oxígeno se llama la capa *anaeróbica*.

Cerca del centro de la columna, los *oxidantes* fotosintéticos de azufre aprovechan el suministro de oxígeno desde la capa superior y el sulfuro desde la capa inferior. Estos organismos fotosintetizan utilizando ácidos orgánicos como donantes de electrones en lugar de sulfuro y a menudo aparecen como una capa roja, púrpura, naranja o marrón. Estos organismos se conocen como bacterias de azufre verde y púrpura, y a menudo aparecen como filamentos y manchas verdes, púrpuras o púrpura-rojos.

En la parte inferior de la columna (capa anaeróbica) crecen organismos que desarrollan fermentación microbiana producen ácidos orgánicos como subproductos de su metabolismo. Estos productos de la reacción son a su vez el sustrato (reactivos necesarios) para el desarrollo de bacterias reductoras de sulfato. Como resultado se liberan sulfuros que difunden a la zona superior oxigenada creando un gradiente en el que se desarrollan bacterias fotosintéticas que utilizan el azufre. Las burbujas en las capas anaeróbicas son debido a la actividad de los metanógenos, que descomponen anaeróbicamente la materia orgánica y forman metano.

Los microorganismos de las distintas capas se retroalimentan, ya que los productos que generan unos sirven de reactivos para otros.

En la tabla 10 se muestra cómo es la estratificación de los diferentes tipos de microorganismos en función de las caracterizadas de cada parte de la botella.

**Tabla 10:** Los principales grupos de bacterias que pueden aparecer en una columna clásica de Winogradsky, de arriba abajo. Se dan ejemplos de organismos de cada grupo, y se enumeran los indicadores visuales de cada capa de organismos. Adaptado de *Exploring the Sulfur Nutrient Cycle. Using the Winogradsky Column. Rogan Brina, Lemke Michael, Levandowsky Michael, et Gorrell Thomas. The American Biology Teacher, vol. 67, No. 5 (2005). DOI: 10.2307/4451860*

| Posición en la columna | Grupo funcional | Ejemplos de organismos | Indicador visual |
|---|---|---|---|
| Arriba | Fotosíntesis | Cianobacterias | Capa verde o marrón rojizo. A veces, burbujas de oxígeno. |
| Media | Oxidantes de azufre no fotosintéticos | *Beggiatoa, Thiobacilus* | Capa blanca. |
| | Bacterias púrpuras sin azufre | *Rhodomicrobium, Rhodospirilum, Rhodopseuodmonas* | Capa roja, púrpura, naranja o marrón. |
| | Bacterias de azufre púrpura | *Chromatium* | Capa púrpura, o púrpura-roja. |
| | Bacterias de azufre verde | *Clorobio* | Capa verde. |
| | Bacterias reductoras de sulfato | *Desulfovibrio, Desulfotomaculum, Desulfobacter, Desulfuromonas* | Capa negra. |
| Parte inferior | Metanógenos | *Methanococcus, Methanosarcina* | A veces, burbujas de metano. |

2. ¿Qué pasa en la columna que ha sido expuesta a la luz?

La columna mantenida en la oscuridad solo permitirá que los organismos no fotosintéticos crezcan, incluyendo reductores de sulfato, oxidantes de hierro y metanógenos. Los fotosintetizadores tienen pigmentos que absorben la luz a diferentes longitudes de onda dentro del rango visible (400-700 nm), pero sin presencia de luz no podrán desarrollarse y crecer.

*#PARASABERMÁS:*

## ¿Qué es una comunidad microbiana?

Es un grupo de microorganismos que viven juntos en un ambiente en particular. En el laboratorio es muy complicado estudiar las comunidades microbianas, por ello Robert Koch, a finales del siglo XIX, descubrió cómo separar especies individuales a través del método de cultivo puro. Aisló microrganismos presentes en las infecciones y los examinó para identificar si eran la causa de las infecciones. Ser capaz de identificar qué microbio específico es el causante de una infección en particular es crucial para descubrir cómo tratarla.

Los microbios no viven aislados, la mayoría de las veces están juntos compartiendo espacio, formando una comunidad, relacionándose de muchas formas positivas y otras tantas negativas. Se habla de simbiosis, mutualismo, cooperación, cuando comparten sustratos, o los productos del metabolismo son utilizados por otras comunidades, también la relación puede ser de competitiva por los nutrientes existentes.

## Salen burbujas de la columna, ¿Qué está pasando?

Durante el crecimiento de las comunidades anaerobias, en el fondo de la columna, se produce gas metano que sube a través de la columna hasta la superficie. En la parte más superficial también se pueden ver burbujas de aire producidas por los microorganismos verdes, producto de la fotosíntesis.

## ¿Puede estallar la botella?

Sí, depende de los nutrientes, la producción de los diferentes gases provenientes de los distintos metabolitos se acumula en la columna, por lo que se recomienda que el cierre de la boca del recipiente no sea hermético y permita el intercambio de gases con el ambiente.

## Después del experimento, ¿ya no sirve para nada?

Has creado un ecosistema autosostenible. Puedes seguir observándolo durante mucho tiempo, tiende a cambiar debido al cambio que sufren los diferentes sustratos. Si tienes mucha curiosidad, es una de las mejores maneras de aislar microorganismo del medio ambiente. Se puede llegar a tomar muestras de alguna de las capas y sembrar en medios enriquecidos para posteriormente poderlos identificar mediante observaciones al microscopio.

## Si tapo la columna con papel celofán de colores, ¿qué podré esperar?

El papel celofán ayuda a filtrar los rayos del sol, ya que puede cambiar el tipo de luz que incida en la columna y, por lo tanto, según qué microorganismos fotosensibles no podrán crecer. Al cubrir la columna con papel celofán de color azul, se bloquea la entrada de luz azul (450-490 nm). Prácticamente todos los sintetizadores tienen pigmentos que absorben en este rango, por lo que su crecimiento resultará inhibido. Con celofán rojo, se bloqueará la luz (635-700 nm), este rango afecta a los pigmentos utilizados por las cianobacterias.

Otras como las de bacterias del azufre púrpuras, verdes, aún podrán crecer. Es decir, en función del color del papel celofán se inhibirá el crecimiento de unos microorganismos u otros.

**¿Puedo añadir más ingredientes después de un tiempo que esta la columna hecha?**

Por supuesto, aunque ya directamente disueltos en agua, para que se puede expandir bien a través de la columna. Aunque es más recomendable que realices otra columna, recuerda que ya hemos creado un ecosistema microbiano autosostenible.

# Práctica 6:
# Como auténticos *someliers (d)*

Cuando se produce un alimento, sus productores quieren estar seguros de que este será del agrado del consumidor. Los paneles de cata son muy importantes en la industria alimentaria y están conformados por personas expertas, que reconocen los olores y sabores propicios y saben de las tendencias en los consumidores. Son conocidos los expertos en catas de café, quesos, vinagre, embutidos, bebidas fermentadas y hoy día hasta se puede encontrar paneles de cata de agua.

En esta práctica se reproducirá el proceso de cata del vino (análisis a través de los sentidos) con la técnica triangular para que el alumnado comprenda cómo se lleva a cabo este proceso.

En la figura 21 se puede apreciar cómo se desarrolla un estudio triangular para evaluar la calidad de los vinos.

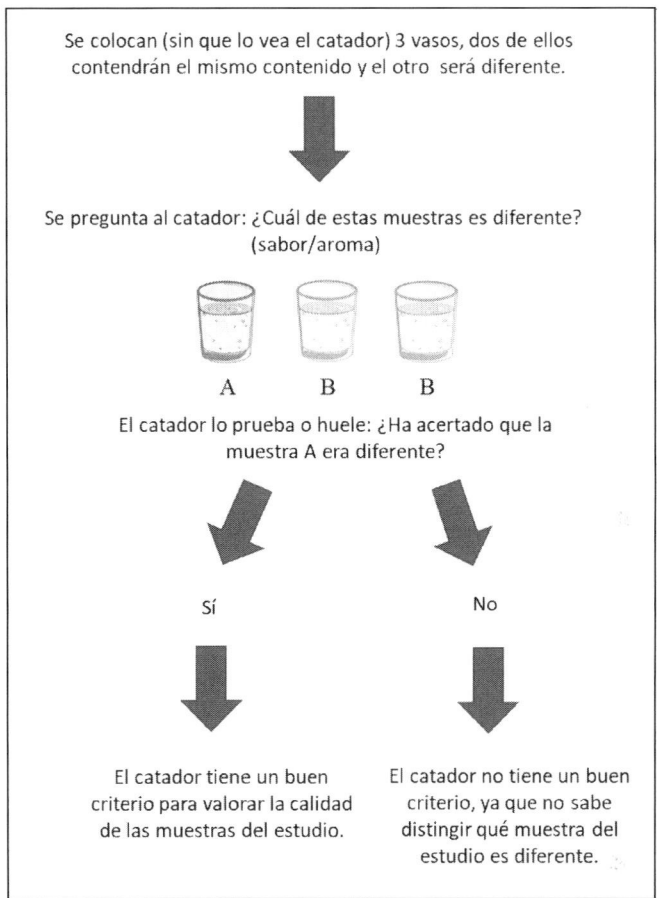

Se colocan (sin que lo vea el catador) 3 vasos, dos de ellos contendrán el mismo contenido y el otro será diferente.

Se pregunta al catador: ¿Cuál de estas muestras es diferente? (sabor/aroma)

A      B      B

El catador lo prueba o huele: ¿Ha acertado que la muestra A era diferente?

Sí

No

El catador tiene un buen criterio para valorar la calidad de las muestras del estudio.

El catador no tiene un buen criterio, ya que no sabe distingir qué muestra del estudio es diferente.

**Figura** 21. Esquema del sistema de cata de vinos con estudio triangular.

*#ESCOGE: Se pueden diseñar prácticas siguiendo el estudio triangular con distintos alimentos, se puede llevar a cabo una cata de mostos, de zumos, de aceitunas, de aceite, de chocolate. . . también, de la misma forma se puede aplicar el estudio triangular basándonos en los aromas.*

Por ejemplo, se propone una cata de mostos comerciales, a los cuales se les puede añadir algunos compuestos en poca concentración. En la tabla 11 se muestran algunos compuestos que se podrían añadir. Se recomienda añadir solo uno la primera vez que se realice esta actividad, ya que, si se añaden varios a la vez, su dificultad será mayor. El objetivo será que el alumnado identifique qué muestras son iguales y al final qué producto se ha añadido. Se puede preparar la actividad de manera individual o grupal.

Tabla 11. Propuesta de compuestos y cantidades que se podrían añadir al mosto para realizar catas.

| Compuesto | Cantidad a agregar por litro de mosto |
|---|---|
| Vinagre | 10 ml |
| Chocolate | Disolver chocolate negro un par de cuadros |
| Te | Preparar una infusión previa, dejar enfriar y añadir unos 50 ml |
| Perfume | Añadir unos 5 ml |
| Tomillo/manzanilla, etc. | Preparar una infusión previa, dejar enfriar y añadir unos 50 ml |
| Agua de azahar/rosas (venden para bizcochos) | Añadir unos 10 ml |
| Vainilla | Si es en líquido, añadir unos 10 ml, si son en cortezas, preparar una infusión previa y añadir unos 10 ml |
| Ciruelas | Se puede utilizar zumo, añadir unos 30 ml, si son frescas, triturar la fruta con la piel, colar y añadir unos 20 ml, si son frutas secas, se han de hidratar, triturar y colar y añadir de 15 a 20 ml |

Primero se permite al alumnado oler las sustancias solas y luego se les proporcionan los vasos con las mezclas para que intenten distinguir las muestras que son iguales (test de triangulación) de las que no, así como identificar cuál es la sustancia añadida. Al ser productos alimentarios, se puede permitir si se desea que el alumnado pruebe los mostos o zumos.

En el caso de las catas de vino, normalmente este test se lleva a cabo para valorar el sabor y el aroma de un producto. Muchos de estos aromas están relacionados con el desarrollo del producto, dependiendo de si hay más o menos intensidad de aroma se puede relacionar con deficiencias en el vino. En muchos casos estos aromas quedan enmascarados por la presencia de etanol que solapa los distintos aromas. Un experto puede distinguir los aromas propios de la fermentación, el tipo de uva utilizada, el tiempo y conservación de la bebida.

La contaminación más común del vino es por bacterias acéticas que producen ácido acético y darán al vino un olor avinagrado. También se puede coger una alícuota del vino y observarla bajo el microscopio para asegurarnos de que solo se observan levaduras y no bacterias u hongos.

*#PARASABERMÁS: Este experimento se puede realizar para que el alumnado conozca cómo se realizan las catas de vinos, en educación primaria es habitual hacer visitas a bodegas para observar cómo se realiza el proceso de elaboración del vino. La presente práctica podría ser una actividad complementaria a dichas salidas. Si no se da el caso, también se puede realizar una práctica sobre la fermentación para ligarlo con el test de triangulación realizado en las catas de vino. En este caso, se puede poner mosto (zumo de uva) en diferentes tubos transparentes y añadir levaduras, al cabo de unos días se podrá observar cómo aumenta la turbidez del mosto, ya que las levaduras están creciendo. Además, si se huele se apreciará que tiene un olor diferente al que tenía al inicio del proceso.*

*#OJO: Al fermentar el mosto, las levaduras producirán dióxido de carbono y aumentará la presión en el recipiente, por lo tanto, es importante que el recipiente no esté cerrado. O bien el recipiente está abierto, o tiene agujeros para aliviar la presión dentro de la botella o podemos poner un globo que cubra el tapón para ver cómo este se hincha a medida que va avanzando la fermentación.*

# Prácticas

## 2.2. Plantas

Práctica 7: Fotosíntesis elodea (d)

Práctica 8: Extracción de pigmentos (d)

Práctica 9: Lentejas para cenar (i)

Práctica 10: La oruga silvestre (o)

Práctica 11: Anatomía de una flor (o)

Práctica 12: ¡Qué calor! Las adaptaciones de las plantas (o)

## 2.2. Las plantas

Vivimos rodeados de vegetación, plantas y árboles. A veces nos escapamos a algún paraje natural para disfrutar de este y respirar aire puro. Sabemos que su existencia condiciona la nuestra, pues nos aportan el oxígeno que necesitamos para vivir y además son un regalo para la vista. Pero ¿entendemos realmente cómo funcionan? ¿Cómo son capaces de vivir sin desplazarse? ¿Cómo se alimentan? ¿Cómo respiran? ¿Para qué sirve cada uno de sus órganos? La flor, el fruto, la semilla . . . , estas actividades prácticas pretenden ayudar a conocer más profundamente el funcionamiento del mundo vegetal.

# Práctica 7:
# Fotosíntesis de la elodea (d)

## Introducción:

La fotosíntesis y la respiración son dos procesos que realizan las plantas, ya que son seres vivos y necesitan alimentarse y respirar. Las plantas no pueden desplazarse para buscar su alimento tal y como lo hacemos los animales, de manera que han desarrollado un sistema para fabricarse su propio alimento (son organismos autótrofos). Este proceso se llama «fotosíntesis» (foto = luz, síntesis = fabricación), quiere decir que, a través de la luz solar, sintetizan su alimento (organismos fotoautótrofos). El objetivo de la fotosíntesis es fijar el carbono procedente del dióxido de carbono (presente en el aire) y convertirlo en moléculas más complejas como la glucosa (figura 22), que es una de las biomoléculas más energéticas producida por las plantas. La glucosa está formada por átomos de carbono (C), hidrogeno (H) y oxígeno (O). Dichos átomos los obtiene del dióxido de carbono ($CO_2$) del aire y del agua ($H_2O$) que absorbe a través de sus raíces. Para juntar todos estos átomos procedentes de moléculas sencillas y formar otras moléculas más complejas, como si se tratara de un puzle, las plantas precisan de mucha energía para formar los nuevos enlaces que darán lugar a moléculas complejas. Esta energía se obtiene de la luz del sol (energía lumínica).

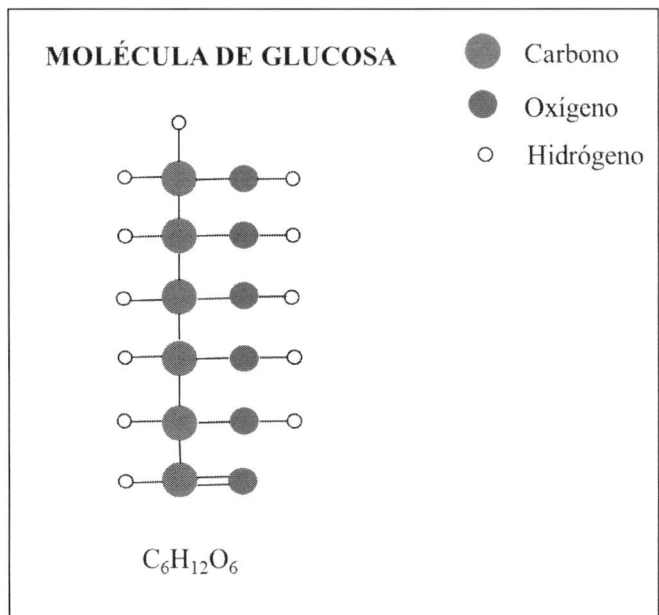

**Figura** 22. Fórmula molecular de la glucosa.

La reacción de la fotosíntesis se muestra en la figura 23 de izquierda a derecha. Para llevar a cabo esta reacción, las plantas precisan energía solar (captada a través de los pigmentos fotosintéticos), dióxido de carbono ($CO_2$) que captan a través de las hojas y agua que absorben mediante las raíces. Esta reacción convierte estos reactivos en nuevos productos que son la glucosa (las plantas utilizan para crecer y realizar sus funciones vitales) y el oxígeno, que a través de las estomas es liberado a la atmosfera).

La reacción de la respiración se puede observar en esta misma figura (figura 23) en dirección inversa (de derecha a izquierda). La respiración la utilizan las plantas cuando requieren energía, ya que al romper moléculas grandes (glucosa) en otras más pequeñas (dióxido de carbono y agua) se libera energía en forma de energía química (ATP). Las plantas pueden activar una reacción u otra en función de sus necesidades.

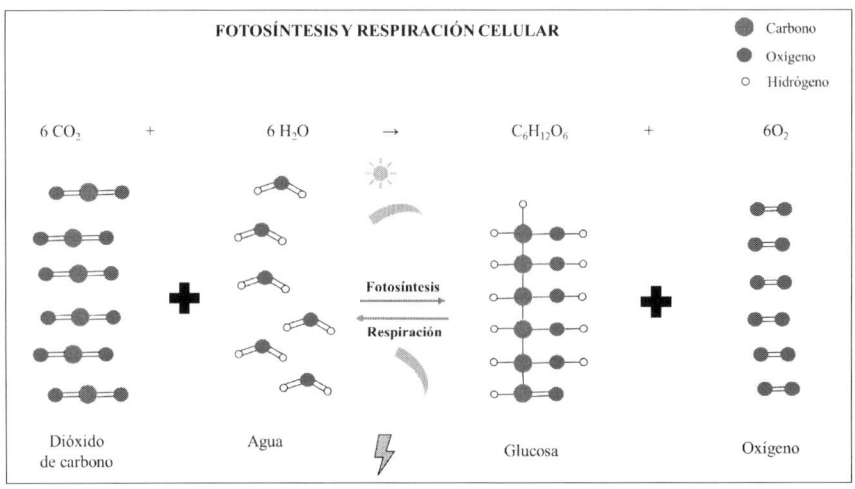

**Figura** 23. Reacción molecular de la fotosíntesis y reacción de la respiración.

Como se observa en la figura 23, la fotosíntesis y la respiración son reacciones reversibles. Cuando la reacción se realiza de izquierda a derecha tienen lugar la fotosíntesis y gracias a la energía del sol las plantas pueden generar materia orgánica (glucosa). Mientras que, cuando las plantas necesitan energía, la reacción tiene lugar de derecha a izquierda y se llama respiración. La fotosíntesis requiere luz solar, de modo que solo se podrá llevar a cabo durante las horas de sol. En cambio, la respiración puede darse siempre, es decir, las plantas siempre respiran.

La fotosíntesis sucede solo en las células que presenten cloroplastos, que son los orgánulos encargados de realizarla. Mientras que la respiración ocurre en todas las células de la planta, por medio de las mitocondrias, que son unos orgánulos especializados que están presentes en cada una de las células (tabla 12).

El intercambio gaseoso entre la planta y el exterior se lleva a cabo por medio de las estomas, que son unos pequeños orificios (0,006 a 0,035 milímetros) que están en las hojas y los tallos verdes de todas las plantas. La apertura o cierre de las estomas depende, por un lado, de factores ambientales (como la concentración de dióxido de carbono y la cantidad de luz) y, por otro, de las necesidades fisiológicas de la planta. Otra función de las estomas es evitar la pérdida de agua por parte de la planta.

En esta práctica se usará una planta acuática llamada elodea (*Elodea canadensis*). Las plantas acuáticas respiran a través de la epidermis de las hojas, absorben los gases por difusión simple. Sus raíces están sumergidas completamente y por esto suelen hacer el intercambio de gases bajo el agua. En la mayoría de las peceras se encuentra este tipo de plantas, sus hojas absorben el dióxido de carbono y por fotosíntesis liberan oxígeno dentro del agua. Existen especies de plantas adaptadas al agua salada del mar y al agua dulce de los ríos, que han modificado sus membranas y por presión osmótica, asimilan más nutrientes que las plantas terrestres. Las plantas situadas en los fondos marinos se han adaptado para vivir con la mínima luz solar que llega a esas profundidades. Además, se han adaptado a utilizar el dióxido del amonio procedente de las excreciones de los peces como fuente de energía de modo que las plantas acuáticas ayudan a limpiar y oxigenar el agua de las peceras.

Tabla 12. Principales diferencias entre la fotosíntesis y la respiración.

| FOTOSÍNTESIS | RESPIRACIÓN |
| --- | --- |
| Cloroplastos | Mitocondrias |
| Requiere energía solar | No requiere energía solar |
| Algunas células | Todas las células |
| Partes con pigmentos (hojas) | Toda la planta |
| Requiere energía | Genera energía |
| Día | Día y noche |

| PRÁCTICA 7: Fotosíntesis de la elodea | | |
|---|---|---|
| ¿Me interesa esta práctica? | **OBJETIVOS DE APRENDIZAJE:**<br>• Describir el proceso de la fotosíntesis.<br>• Diferenciar respiración y fotosíntesis.<br>• Observar el proceso de la fotosíntesis en una planta acuática. | |
| | **CONCEPTOS CLAVE:** fotosíntesis, respiración, reacción reversible. | **CONCEPTOS RELACIONADOS:** reactivos, productos, síntesis, acidificación de los mares. |
| | **MATERIAL:**<br>• Tubos de plástico con tapa<br>• Plantas acuáticas tipo elodea<br>• Solución de azul de bromotimol al 0,04 %<br>• Una caña o pajita<br>• Lámpara o posibilidad de una ventana luz solar<br>• Microscopio<br>• Porta y cubreobjetos<br>• Pinzas<br>• Solución de yodo (venda en farmacia) | **TEMPORIZACIÓN:**<br>• Tiempo de preparación: 30 minutos.<br>• Tiempo de incubación: 60 minutos.<br>• Tiempo de análisis de datos y reflexión: 20 minutos. |

## Procedimiento:

1. Preparar dos tubos, en cada uno de ellos, poner una rama de elodea y agua suficiente para cubrirlas.
2. Rotular los tubos como A y B. A será la muestra experimental y B será el control negativo.
3. Colocar en cada tubo un par de gotas de solución de azul de bromotimol y mezclar para que quede homogéneo.
4. En ambos tubos, A y B, soplar con ayuda de la pajita hasta que las dos soluciones cambien a un color amarillo.

   *#OJO: Cuidado de no borbotear el agua fuera del tubo para que no sobresalga del recipiente.*

5. Tapar el orificio de ambos tubos con un poco de film transparente.

6. El tubo rotulado con la letra B (control negativo) se tapará con papel de aluminio, mientras que el tubo A se dejará descubierto.
7. Ambos tubos (A y B) se dejarán expuestos al sol o a una lámpara, al menos durante una hora.
8. Observar si las soluciones de ambos tubos han cambiado de color.
9. Observar si aparecen burbujas en el agua de cada uno de los tubos.
10. Anotar los resultados y elaborar las conclusiones.

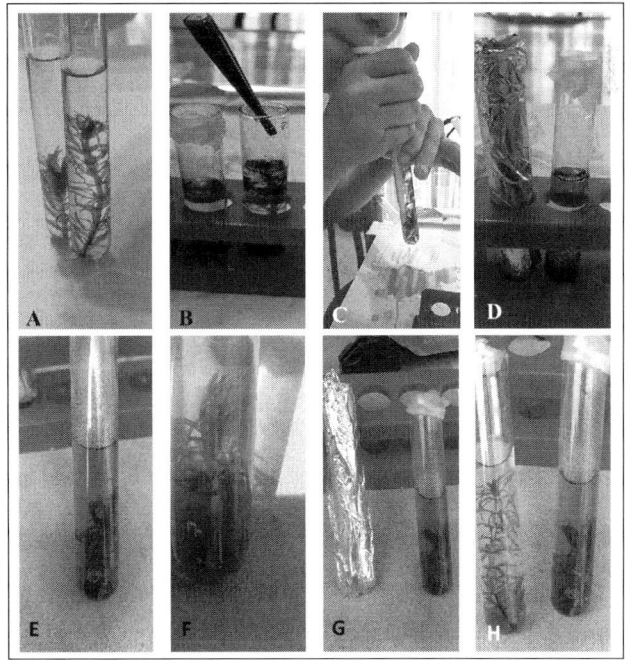

**Figura** 24. Desarrollo del experimento. A. Preparación de los tubos. B. Gotas de azul de bromotimol. C. Insuflando dióxido de carbono cambio de color de azul a amarillo. D. Ambos tubos con la boca tapada, uno de ellos cubierto con papel de plata. E. Ambos expuestos al sol, detalle del burbujeo de la planta. F. Cambio de color, de nuevo al azul, por la producción de oxígeno. G. Detalle del experimento final. H. Resultado final: El tubo cubierto se ha quedado de color amarillo, el otro, en las mismas condiciones pero destapado, ha cambiado de color.

**Resultados esperados:**

En el tubo A, la planta, gracias a la acción de la luz, capta el $CO_2$ del agua (que hemos añadido nosotros al soplar en el agua) y sintetiza materia orgánica y oxígeno (fotosíntesis). Se deben observar las burbujas de oxígeno (figura 24E).

El consumo de $CO_2$ y la liberación de $O_2$ provoca un cambio de color en la solución indicadora de pH, que se había vuelto amarilla por el $CO_2$ que se le ha añadido soplando, pero ahora vuelve a ser neutra y, por tanto, de color azul.

El indicador azul de bromotimol cambia de color debido al cambio de pH de la solución. En medio ácido, es decir, para valores de pH por debajo de 7.0, el indicador es de color amarillo, a pH neutro (valores alrededor de 7) es de color verde o azul turquesa y cuando el pH es básico (por encima de 8) tendrá color azul intenso.

En el tubo B no tiene lugar la fotosíntesis, ya que no dispone de luz para utilizar las <u>moléculas inorgánicas</u> ($CO_2$) y convertirlas en orgánicas (glucosa), por lo tanto, en esta condición no se observará ningún burbujeo, y el cambio de color no se producirá, y se mantendrá la solución de color amarillo.

Al agregar gotas del azul de bromotimol al agua del grifo o destilada, esta tendrá un pH neutro alrededor de 7.0 a 7.5, y a medida que se va soplando, el agua se mezclará con el dióxido de carbono de los pulmones, produciendo ácido carbónico (figura 25), que al ser inestable se disocia en el agua, en forma de iones hidronio y en el ion bicarbonato (figura 26) (responsables del cambio de coloración a amarillo, al contribuir a un pH ácido). Al consumirse el dióxido de carbono durante la fotosíntesis hará que la solución vuelva a ser neutra y, por lo tanto, el color vuelva a ser azul. Al realizar la fotosíntesis el pH se convierte en básico y el color de la solución pasa a ser de color azul.

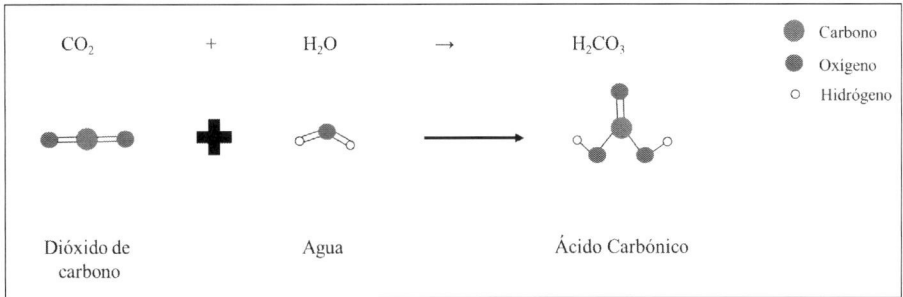

**Figura 25.** Disolución del dióxido de carbono en el agua genera ácido carbónico.

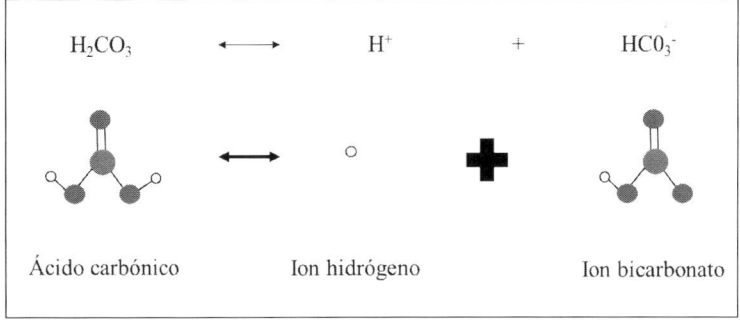

**Figura 26.** Reacción de disociación del ácido carbónico.

## Reflexión para el alumnado:

1. **¿Cómo sabemos que planta podemos utilizar para realizar esta experiencia?**
   Las plantas acuáticas han de ser verdes, esta característica indica que tienen cloroplastos y, por tanto, clorofila para poder realizar la fotosíntesis.

2. **¿Cómo sabemos si el burbujeo que observamos es dióxido de carbono de la fotosíntesis u oxígeno procedente de la respiración?**

En el caso de las plantas acuáticas, estas toman los gases disueltos en el agua. En este experimento en el agua tenemos disuelto el $CO_2$ del aliento que se ha insuflado, por lo tanto, no hay oxígeno disuelto porque se ha sido desplazado por el $CO_2$ (según las concentraciones oxígeno y dióxido de carbono, el gas con mayor concentración desplaza al otro de las reacciones en las cuales pueden intervenir). Al cubrir el tubo con papel aluminio, no hay luz suficiente para que se puede asimilar el $CO_2$ y expulsar oxígeno (ya que sin luz no hay fotosíntesis), por lo tanto, en ese tubo no hay cambio de color . . . , la planta, o bien cerrará por completo las estomas para no perder el oxígeno adherido en las células, o bien las abre para intentar respirar.

En el tubo expuesto a la luz las burbujas corresponderán al oxígeno, ya que la planta está realizando mayoritariamente la fotosíntesis. Mientras que en el tubo tapado las burbujas corresponden a dióxido de carbono, ya que la planta en ausencia de luz solo puede obtener energía a través de la respiración.

3. **¿Por dónde respiran las plantas?**

Generalmente las plantas realizan el intercambio de gases con el medio a través de las estomas, unos pequeños agujeros que se localizan en el reverso de las hojas y en los tallos verdes. También en las raíces localizamos unas pequeñas aberturas llamadas lenticelas, que permite el intercambio gaseoso.

En las plantas acuáticas, la respiración es una proeza adaptativa, depende de, si tiene ramas flotantes, presenta estomas en las hojas, en las que están totalmente sumergidas, la respiración se hace por la epidermis de las hojas, por difusión simple.

Por lo tanto, dichos poros les sirven para realizar el intercambio de gases, como si fuera la nariz, regula la entrada y salida del dióxido de carbono ($CO_2$) y oxígeno ($O_2$) durante la fotosíntesis y la respiración.

*#PARASABERMÁS: La acidificación de los mares es un problema medioambiental grave. Se debe a que la contaminación atmosférica en forma de $CO_2$ también afecta a la vida marina. El $CO_2$ presente en el aire es disuelto en el agua de los mares y océanos y desencadena graves problemas. El exceso de $CO_2$ disuelto en el agua produce que el pH de los mares sea cada vez más ácido. Como se ha explicado anteriormente, en las figures 25 y 26 el dióxido de carbono disuelto en el agua forma ácido carbónico, que en disolución acuosa se puede desintegrar en ion carbónico e ion hidrógeno.*

*La acidificación de los mares tiene efectos directos sobre todos los organismos que viven en él, ya que están adaptados a vivir en unes condiciones de pH concretas. Además, también tiene efectos indirectos sobre los humanos, ya que utilizamos muchos recursos que nos ofrecen los ecosistemas marinos.*

*Existe la creencia de que las plantas se alimentan a través de las raíces. La función de las raíces es básicamente absorber agua y minerales (pero no pueden absorber moléculas muy grandes, sino que deben sintetizarlas), sujetar la planta en el suelo y permite la conducción del agua y los nutrientes desde los pelos radiculares hasta el tallo.*

*Existe la creencia de que no es recomendable dormir con una planta en la habitación. Este mito es totalmente falso; así como podemos dormir con otra persona en la habitación, como nuestra pareja o nuestros hermanos y hermanas, también podemos dormir con una planta. La planta de noche respira, igual que lo hace durante el día e igual a como lo haría cualquier otro ser vivo. Incluso, respira menos que una persona, puesto que la planta no tiene un metabolismo tan activo como el de los humanos.*

*#PARASABERMÁS: Las plantas acumulan las moléculas de glucosa generadas por la fotosíntesis en forma de almidón (cadenas largas y ra-*

*mificadas de moléculas de glucosa) que almacenan en las hojas o en las raíces, en el caso de los tubérculos como la patata o la yuca, por ejemplo.*

*A continuación, se explica cómo visualizar los gránulos de almidón almacenados en la hoja de elodea (figura 27).*

## Procedimiento:

1. *Colocar una o dos hojas de elodea en un portaobjetos.*
2. *Con un cuentagotas colocar encima de las hojas dos gotas de yodo.*
3. *Esperar dos minutos.*
4. *Colocar cubreobjetos y observar al microscopio.*

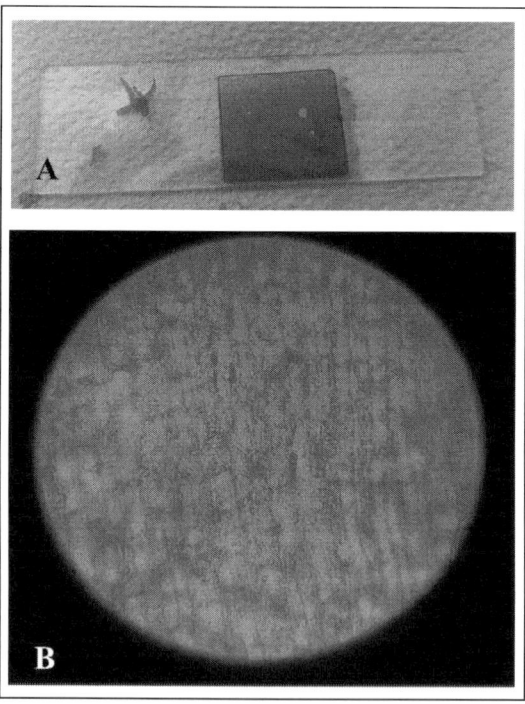

**Figura 27.** Hojas de elodea en el portaobjetos (A) y la observación a 40X en el microscopio de los gránulos de almidón (B).

# Práctica 8:
# Extracción de pigmentos (d)

## Introducción:

La naturaleza en cada época del año se presenta de una manera diferente. Algunos de los colores que parecían «dormidos» durante el verano, «despiertan» en el invierno y crean impresionantes paisajes.

Las hojas de las plantas contienen diferentes pigmentos que les ayudan a captar la energía del sol. De estos pigmentos, el más importante y abundante es la clorofila, de color verde. La clorofila permite a las plantas realizar la fotosíntesis (foto: luz y síntesis: producción). Las hojas contienen también otros pigmentos llamados «carotenoides», de color amarillo y anaranjados, que normalmente quedan ocultos por los pigmentos de color verde que son más abundantes. En la tabla 13 se muestran los principales pigmentos con el color que les representa, la función que realizan en el metabolismo de las plantas y ejemplos de en qué vegetales se encuentran.

**Tabla 13.** Tipo de pigmentos e información relacionada.

| PIGMENTO | COLOR | FUNCIÓN | EJEMPLO |
|---|---|---|---|
| Clorofila A | Verde intenso | Participan en la fotosíntesis. | Espinacas, hojas de árboles . . . |
| Clorofila B | Verde | Participan en la fotosíntesis. | Lechuga, hojas de árboles . . . |
| Carotenos | Naranja | Precursores vitamina A, pigmentos accesorios fotosíntesis. | Zanahoria, calabaza . . . |
| Xantofilas | Amarillo | Participan en la fotosíntesis. | Aguacate, coloración amarilla y parduzca en hojas . . . |
| Antocianinas | Rojizo, púrpura, azulado | Atraer a los depredadores para que consuman sus frutos y ayuden a dispensar las semillas. | Uvas, frambuesas y arándanos, hojas rojizas . . . |
| Ficobilinas | Rojo, azul o celeste | Participan en la fotosíntesis, aumentando el rendimiento, ya que tienen la capacidad de absorber energía luminosa que la clorofila no es capaz de absorber. | Algas y cianobacterias. |
| Licopenos | Rojo | Participa en la fotosíntesis y es un intermediario en la biosíntesis de muchos carotenoides. | Tomate, pimiento rojo, sandía . . . |

En otoño, algunos árboles dejan de producir clorofila, hay menos luz y agua y las plantas inician una época de descanso durante la cual se alimentan de las reservas que han producido durante el verano. Así es como se va reduciendo poco a poco el color verde de las hojas y van apareciendo otros colores que antes estaban ocultos bajo el verde intenso de la clorofila y, finalmente, las hojas se secan y caen.

Los colores rojizos, de los cuales se tiñen algunas de las hojas en otoño, son debidos a unos pigmentos llamados «antocianas», producidos por el efecto del sol sobre la glucosa que queda atrapada en las hojas de algunas especies de plantas cuando ya no hacen la fotosíntesis.

En esta actividad se aplicará una técnica de separación física, que se llama «cromatografía», que nos permite separar los componentes de una mezcla. En este caso, separaremos los diferentes pigmentos extraídos de diferentes hojas.

| PRÁCTICA 8: Extracción de pigmentos | | |
|---|---|---|
| ¿Me interesa esta práctica? | **OBJETIVOS DE APRENDIZAJE:**<br>• Separar los pigmentos de diferentes hojas/frutos utilizando la cromatografía.<br>• Identificar la importancia del sol en los seres vivos. | |
| | **CONCEPTOS CLAVE:** pigmentos fotosintéticos, cromatografía. | **CONCEPTOS RELACIONADOS:** fotosíntesis. |
| | **MATERIAL:**<br>• Hojas, flores o frutos de diferentes árboles y plantas<br>• Alcohol<br>• Tijeras<br>• Mortero<br>• Tiras de papel absorbente, filtro o de cocina<br>• Vasos de plástico grandes | **TEMPORIZACIÓN:**<br>• Tiempo de preparación de la práctica: 30 minutos.<br>• Tiempo de espera para observar los resultados: 30- 60 min.<br>• Análisis de los resultados: 20 min. |

## Procedimiento:

1. Cortar diferentes hojas en pequeños trozos.
2. Colocar los trozos en el mortero.
3. Añadir alcohol y triturar bien para extraer todos los pigmentos de las hojas.
4. Dejar en reposo unos minutos (tapar con papel film, para evitar que se evapore el alcohol).
5. Colocar el alcohol coloreado, el extracto, en un vaso limpio, e intentar que no pasen restos de las hojas/flores.
6. Colocar una tira de papel de filtro dentro del vaso, que quede en contacto con el líquido.
7. Dejar entre 30 minutos y 1 hora para que los pigmentos se separen en el papel de filtro.
8. Observar que el líquido va subiendo por el papel y van apareciendo los colores en diferentes bandas.

En la figura 28 se muestran los principales pasos del procedimiento en el cual se ha empleado un conjunto de hojas de distintos colores.

**Figura 28.** Principales pasos del proceso de extracción de pigmentos. A: tipos de hojas utilizadas, B: se cortan y se colocan en un mortero, C: solución que se obtienen después de triturar las hojas con alcohol y de filtrar la mezcla, D: resultado final de la cromatografía.

## Resultados esperados:

El resultado esperado es que los distintos pigmentos se separen en el papel de filtro según su tamaño y su afinidad por el disolvente utilizado (en este caso alcohol 96°). De modo que los más solubles en alcohol serán los que más fácilmente asciendan por el papel de filtro, mientras que a las moléculas con menos afinidad por el disolvente y las más pesadas les costará más ascender por el filtro y se quedarán más cerca del punto de partida.

A medida que la muestra ascienda por el papel los distintos pigmentos formaran bandas coloreadas. Cada una de las bandas será un pigmento y su banda será más ancha según su abundancia en la muestra. En la figura 29 se muestra una cromatografía en la cual se han usado las hojas, se observan en la figura 28A. Se puede observar que la mayoría son verdes, pero también hay alguna amarilla y otra rojiza. La mayoría de las hojas presentan pigmentos verdes (clorofilas), amarillos (xantofilas) y carotenos (naranjas). Aunque la mayoría de las hojas son verdes, también contienen pigmentos de otros colores (amarillo y naranja), pero como los más abundantes son los pigmentos verdes, las hojas son de este color. El hecho de que las hojas sean de color verde no quiere decir que no puedan tener pigmentos de otros colores. En la figura 29 se observa un pigmento rojizo que proviene de la hoja rojiza (figura 28A) que corresponde a la hoja de un árbol del género *Prunus*.

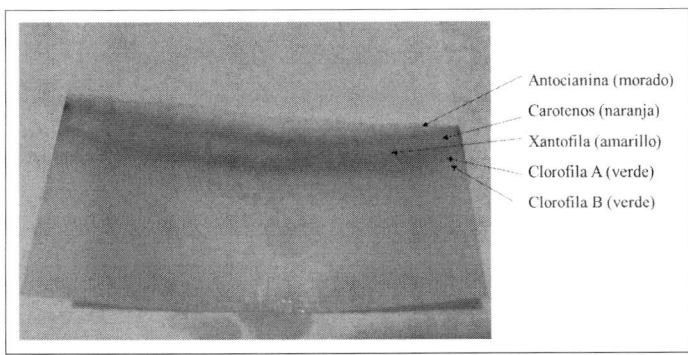

**Figura 29.** Ejemplo del resultado de una cromatografía de extracto de pigmentos de hojas.

*#ESCOGE: En el ejemplo anterior se han utilizado diferentes hojas con diferentes tonalidades. Otra actividad que podría desarrollarse es que cada alumno escoja un tipo de hoja y realice su cromatografía. De este modo, se observará que cada tipo de hoja tiene un patrón de pigmentos diferente. Tendrán más o menos tipos de pigmentos y sus bandas también serán de distinto grosor. Para añadir un poco de dificultad a esta actividad, se propone que el alumnado en grupos realice una extracción con*

*una combinación de 2 o 3 tipos de hojas (de las que se han utilizado antes) y que con el patrón que resulte de la cromatografía otros grupos intenten descubrir qué hojas se han utilizado con la ayuda de los patrones de las hojas individuales.*

*#ESCOGE: Otra posible actividad práctica empleando la cromatografía puede ser analizar el tipo de pigmentos de diferentes clases de tomate. Existen tomates rojos, anaranjados, verdes, e incluso una variedad que son de un color verde muy oscuro. Se podrían triturar los tomates (con piel) y realizar una cromatografía para determinar el patrón de pigmentos de cada uno de ellos.*
*Será necesario filtrar la solución antes de iniciar la cromatografía.*

*#ESCOGE: Otra opción es estudiar cómo cambia el patrón de pigmentos en una misma clase de tomate a lo largo del ciclo de maduración de este. Es decir, se deberían recolectar tomates del mismo tipo en diferentes momentos de su maduración para poder observar el cambio en el patrón de los pigmentos.*

*#ESCOGE: Se puede realizar la práctica con cualquier verdura o fruta.*

*#ESCOGE: Una variante de metodología para este experimento es la separación de los pigmentos solo con presión, para realizarla debemos aplicar el siguiente protocolo:*

1. *Colocar una hoja de papel de filtro sobre una mesa.*
2. *Extender una hoja o flor encima del papel.*
3. *Cubrir con un otro trozo de papel de filtro y dos trozos de papel de cocina.*
4. *Presionar con el mango del mortero.*
5. *Observar qué ha pasado en el papel de filtro de abajo.*

*Observaremos que hemos extraído los pigmentos de las hojas, ya que se han roto las células y se han liberado pigmentos tiñendo el papel.*

También podemos cambiar la muestra de la que extraeremos los pigmentos vegetales, pueden ser hojas durante el otoño, como hemos visto, pero también podrían ser distintos frutos como la remolacha, la zanahoria o el tomate, por ejemplo; podemos separar los pigmentos de tomates de distintas variedades, o tomates en distinto punto de maduración.

#PARASABERMÁS: Los pigmentos protegen a las plantas (hojas, frutos, bayas) de la radiación ultravioleta del sol, a su vez, muchos de ellos participan en el proceso de la fotosíntesis. Muchos de los pigmentos anteriormente citados se les han atribuido beneficios para el bienestar del organismo y se les denominan «alimentos funcionales».

# Práctica 9:
# Lentejas para cenar (i)

## Introducción:

La práctica de colocar semillas en botes de plástico o cristal con algodón, regarlas y esperar a que germinen, es una experiencia habitual en las aulas. Aquí se propone convertirla en una actividad de indagación con el objetivo de determinar qué variables pueden influir en el proceso de la germinación.

La germinación es el paso de embrión (en forma de semilla o espora) a plántula (planta pequeña). Es la primera etapa del ciclo vital de las plantas y requiere unas condiciones de luz, temperatura y humedad determinadas. En la semilla se encuentra el embrión que dará lugar a la planta.

Es importante remarcar la diferencia entre los procesos de germinación y crecimiento, ya que a veces se usan como sinónimos y los factores que requiere cada uno de ellos son diferentes.

¿Qué factores son necesarios para que una semilla germine? Se pueden escoger muchos diferentes como, por ejemplo, la humedad (cantidad de agua con la que regamos las semillas), la luz (presencia o ausencia de luz), el tipo de sustrato (algodón, arena de playa, tierra del bosque, trocitos de madera, entre otros), el tipo de bote (cristal, barro, plástico...). Cada factor que se desee analizar puede convertir esta actividad en una indagación diferente.

El ejemplo de indagación que se presenta a continuación se centra en estudiar si el agua influye en la velocidad de germinación de las lentejas.

| PRÁCTICA 9: Lentejas para cenar (i) | | | |
|---|---|---|---|
| ¿Me interesa esta práctica? | **OBJETIVOS DE APRENDIZAJE:** <br> • Observar el proceso de germinación. <br> • Determinar los factores que influyen en la velocidad de la germinación. | | |
| | **CONCEPTOS CLAVE:** germinación, semillas. | **CONCEPTOS RELACIONADOS:** crecimiento, embrión. | |
| | **MATERIAL:** <br> • Botes de cristal <br> • Algodón <br> • Semillas (lenteja) <br> • Agua <br> • Probetas de 50 ml <br> • Balanza | **TEMPORIZACIÓN:** <br> • 30 minutos de preparación. <br> • 5 minutos de toma de datos (durante una semana). <br> • 30 minutos de análisis de resultados y discusión. | |
| Aplicamos la indagación: | **PREGUNTA DE INVESTIGACIÓN:** <br> ¿La cantidad de agua influye en la velocidad de germinación de las lentejas? | | |
| | **VARIABLE DEPENDIENTE:** velocidad de germinación. | **VARIABLE INDEPENDIENTE:** cantidad de agua. | **VARIABLES DE CONTROL:** cantidad de algodón, temperatura, tipo de recipiente, la luz recibida, tipo de semilla. |

## Procedimiento:

1. Coger tantos recipientes como condiciones se quieran testar.
2. Rotular cada recipiente (sin agua/5 ml agua al día/10 ml de agua al día).
3. Colocar 2 lentejas en cada recipiente.
4. Colocar la misma cantidad de algodón.
5. Regar con la cantidad de agua correspondiente.
6. Seguir la evolución de cada recipiente.

*#ESCOGE: Una variante más sencilla sería testar el factor humedad y, en ese caso, tan solo se necesitarían dos tarros, uno en el cual mojaríamos cada día el algodón y el otro que no se mojaría.*

## Resultados esperados:

A continuación, se propone un modelo de tabla que podría ser muy práctico para recoger las evidencias de cada una de las condiciones probadas.

| Muestra: sin agua | Aparecen raíces | Aparece el tallo | Aparecen hojas |
|---|---|---|---|
| Día 1 | | | |
| Día 2 | | | |
| Día 3 | | | |
| Día 4 | | | |
| Día 5 | | | |

| Muestra: 5mL agua | Aparecen raíces | Aparece el tallo | Aparecen hojas |
|---|---|---|---|
| Día 1 | | | |
| Día 2 | | | |
| Día 3 | | | |
| Día 4 | | | |
| Día 5 | | | |

| Muestra: 10mL agua | Aparecen raíces | Aparece el tallo | Aparecen hojas |
|---|---|---|---|
| Día 1 | | | |
| Día 2 | | | |
| Día 3 | | | |
| Día 4 | | | |
| Día 5 | | | |

## Reflexión para el alumnado:

Los resultados esperados son que las semillas (lentejas) sin agua no germinen o tarden muchos días en hacerlo. Mientras que las que reciben una dosis (adecuada de agua) germinen en torno a los 3-5 días en función del tipo de semilla. Y, finalmente, las que reciben un exceso de agua empiecen a germinar, pero la plántula muera a los pocos días. Los datos de las tablas anteriores se pueden representar gráficamente para comparar las distintas condiciones y poder extraer conclusiones.

Se pueden formular diferentes preguntas para que el alumnado reflexione sobre el proceso de germinación:

¿Qué órgano aparece primero?

¿Qué órgano aparece último?

¿Cómo se puede justificar el orden en el que se han desarrollado los distintos órganos?

> *#ESCOGE: Esta actividad ofrece un sinfín de variaciones, ya que cualquier variable de control puede pasar a ser variable independiente. Es importante solo modificar una variable y dejar el resto fijas en un parámetro determinado.*
>
> *Las tablas que se presentan son un ejemplo, se pueden modificar, ampliar con más días o más condiciones e incluso se pueden recoger más evidencias.*
>
> *En la tabla 14 se proponen distintas variables que se pueden testar con esta actividad práctica.*

**Tabla 14.** Variantes de la indagación sobre la germinación de una semilla.

| Pregunta de investigación | Variable dependiente (aquello que se desea observar) | Variable independiente (aquello que se desea estudiar) | Variables de control (aquellas que se fijan para que no influyan en el experimento) |
|---|---|---|---|
| ¿Influye la humedad en la velocidad de germinación? | Germinación (velocidad de germinación) | Humedad | Material recipiente<br>Luz<br>Temperatura<br>Tipo de sustrato<br>Tipo de semilla |
| ¿Influye el material del recipiente en la velocidad de germinación? | Germinación (velocidad de germinación) | Material recipiente (plástico, cristal, barro) | Humedad<br>Luz<br>Temperatura<br>Tipo de sustrato<br>Tipo de semilla |
| ¿Influye la luz en la velocidad de germinación? | Germinación (velocidad de germinación) | Luz (presencia/ausencia de luz) | Material recipiente<br>Humedad<br>Temperatura<br>Tipo de sustrato<br>Tipo de semilla |
| ¿Influye la temperatura en la velocidad de germinación? | Germinación (velocidad de germinación) | Temperatura (escoger 2 o 3 temperaturas diferentes) | Material recipiente<br>Humedad<br>Luz<br>Tipo de sustrato<br>Tipo de semilla |
| ¿Influye el tipo de sustrato en la velocidad de germinación? | Germinación (velocidad de germinación) | Tipo de sustrato (algodón, arena de playa, madera, arena bosque . . . ) | Material recipiente<br>Humedad<br>Luz<br>Temperatura<br>Tipo de semilla |
| ¿Influye el tipo de semilla en la velocidad de germinación? | Germinación (velocidad de germinación) | Tipo de semilla (lenteja, garbanzo, pipa, alubia . . . ) | Material recipiente<br>Humedad<br>Luz<br>Temperatura<br>Tipo de sustrato |

# Práctica 10:
# La oruga silvestre (o)

## Introducción:

El alumnado a veces puede ser muy impaciente y la naturaleza va a su ritmo. Por ejemplo, si se desea estudiar el ciclo de vida de una planta/árbol puede que debamos esperar semanas o meses, y si se desean observar los cambios de las plantas a lo largo de las distintas estaciones, esto implica todo un año. Para que el alumnado se acuerde de las características de las plantas a lo largo de estos periodos de tiempo tan largo, se puede pedir que recojan evidencias de lo que han visto: que sequen hojas, flores o que hagan un dibujo de lo que observan en cada momento, aun así, les cuesta recordar con exactitud cuál era el aspecto de ese elemento natural hace mucho tiempo.

Es por ello por lo que esta actividad práctica es muy interesante, ya que se trata de estudiar el ciclo completo de una planta: la oruga blanca, más conocida como la oruga silvestre (figura 30). La oruga blanca, al igual que muchas otras, contiene todos los elementos que podemos encontrar en ella a lo largo del tiempo, pero tiene la peculiaridad que existen en la planta en un mismo momento. Es decir, hay semillas, frutos, flores, hojas, tallo y raíces. Además, están situados en la planta según su orden de aparición: en la parte superior y más interior del tallo están los capullos y a medida que vamos avanzando en dirección hacia la raíz, encontramos flores adultas y marchitas y, a continuación, frutos que cada vez son más maduros a medida que avanzamos y, finalmente, encontramos las hojas y la raíz en la parte final de la oruga blanca.

**Figura 30.** Dibujo y fotografía respectivamente de una planta de oruga silvestre (*Diplotaxis erucoides*).

| PRÁCTICA 10: La oruga silvestre | | |
|---|---|---|
| ¿Me interesa esta práctica? | **OBJETIVOS DE APRENDIZAJE:**<br>• Identificar los diferentes órganos de una planta.<br>• Observar la evolución desde el capullo hasta la flor y de la flor al fruto.<br>• Deducir el sistema de dispersión de las semillas. | |
| | **CONCEPTOS CLAVE:**<br>planta, flor, fruto, semilla, raíz, partes externas de la flor. | **CONCEPTOS RELACIONADOS:**<br>dispersión, adaptación evolutiva. |
| | **MATERIAL:**<br>• Ejemplares de oruga silvestre<br>• Pinzas<br>• Lupa o lupa binocular | **TEMPORIZACIÓN:**<br>1 hora |

## Procedimiento:

1. Se reparte un ejemplar de oruga silvestre a cada alumno o grupo pequeño de alumnos.
2. Se les hace observar minuciosamente la planta e identificar y describir los elementos que la componen.
3. Se les puede proponer de dibujar la planta, observando directamente la planta natural.
4. Se realiza una observación dirigida por el profesor.

El alumnado podría completar esta tabla u otra similar para anotar los detalles de sus observaciones:

| ÍTEMS | DESCRIPCIÓN |
|---|---|
| Aspecto general | |
| Raíz | |
| Hojas | |
| Flores | |
| Frutos | |

A continuación, en la tabla 15 se ofrece una guía para que el profesorado pueda guiar la observación.

**Tabla 15.** Guía para el docente sobre la descripción de las partes de la oruga silvestre.

| ÍTEM | DESCRIPCIÓN |
|---|---|
| **Aspecto general** | Se puede elaborar una descripción general de la planta. Se deberían identificar todos sus elementos, incluso los frutos de la oruga silvestre. Estos presentan forma de vaina alargada, con muchas semillas pequeñas dentro y se encuentran en la zona del tallo, un poco más abajo que el conjunto de flores. También ubicarán las raíces, las hojas, las frutas y el tallo (figura 31). |
| **Raíz** | La raíz en relación con el resto de la planta es muy pequeña. Esto no es una buena noticia para ella, ya que los agricultores podrán arrancarlas fácilmente de sus tierras. Son consideradas malas hierbas y crecen frecuentemente en los bordes de los caminos y campos de cultivo. ¿Cómo puede ser entonces que esta planta esté tan extendida por todos lados? La respuesta es que la planta compensa esa desventaja evolutiva teniendo muchos frutos con muchas semillas para asegurar su supervivencia. |
| **Hojas** | Se pide al alumnado que escoja al azar 5 hojas y las pongan en fila encima de su mesa. Podrán observar que todas tienen formas y medidas distintas, a diferencia de otras plantas en las cuales sus hojas tienen una forma y tamaño más homogéneo. |
| **Flores** | Se guía la observación para que el alumnado realice un estudio a fondo de la planta, y para ello deben describir las siguientes partes de la flor:<br>• Medida de la flor en relación con el resto de la planta: Las flores son muy pequeñas en relación con el tamaño de la planta y están agrupadas en la parte más alta del tallo. En la parte interior encontramos normalmente los capullos y en la parte del medio las flores jóvenes y adultas, y las flores marchitas están en la parte más alejada del centro, más abajo del tallo y, a continuación, encontramos los frutos.<br>• Cáliz (conjunto de sépalos).<br>• Corola (conjunto de pétalos).<br>• Estambres (parte reproductora masculina de la flor).<br>• Pistilo (parte reproductora femenina de la flor).<br>• Flor hermafrodita, tipo de polinización.<br>Visualizar figura 32.<br> |

| | |
|---|---|
| **Flores** | Las partes de la flor de la oruga silvestre son un poco diferentes a les que estamos acostumbrados a ver:<br>1. Sépalos.<br>2. Nectarios.<br>3. Pétalos.<br>4. Estamos pequeños.<br>5. Estamos grandes.<br>6. Pistilo.<br>7. Estigma.<br>8. Estilo.<br>9. Ovario.<br>10. Tabique.<br>Las partes internas de las flores son similares en todas ellas, pero se debe aprender a identificarlas incluso cuando estas son un poco distintas. En esta flor en concreto el estilo es muy corto y el ovario más alargado de lo habitual. Los sépalos también son muy largos. |
| **Frutos** | Primero el alumnado debe identificar la estructura del fruto dentro en la planta. Se trata de esta vaina alargada, que nos recuerda a las judías. Seguidamente, se puede pedir que cuenten cuántos frutos hay en una sola planta. A veces, de una raíz salen distintos tallos, lo que aumenta el número de frutos. Una vez sabemos el número de frutos, podemos abrir un fruto y sacar las semillas para contarlas. Multiplicaremos el número de frutos por el número de semillas que tiene cada fruto para saber cuántas nuevas plantas se podrían formar a partir de un solo espécimen. A partir de allí, se puede comentar sobre la gran ventaja evolutiva que representa para la planta tener tantas semillas. |

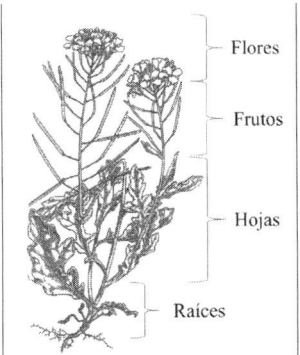

**Figura 31.** Dibujo de la oruga blanca indicando cada una de sus partes.

5.  Para entender cómo la flor se convierte en fruto, se puede realizar una secuenciación, es decir, se cogen distintos elementos de la planta y se colocan según el orden en el que van apareciendo en la planta, o, lo que es lo mismo, ordenamos desde el primer elemento que aparece pasando por todos los demás en los que se va convirtiendo. El orden de la secuenciación es el siguiente: capullo-flor abriéndose-flor joven-flor adulta-flor madura-flor marchita-fruto verde-fruto maduro.

Figura 32. Agrupación de flores. Se presenta una secuenciación de flores desde los capullos, en la parte central hasta las flores marchitas, a partir de las cuales se empiezan a observar los frutos.

## Reflexión para el alumnado:

El alumnado podrá estudiar en profundidad una planta, aprendiendo a fijarse en los detalles más pequeños y relacionando sus características con las adaptaciones para su supervivencia.

La observación minuciosa de la naturaleza nos permite aprender muchas cosas sobre ella sin la necesidad de disponer de ningún material específico.

# Práctica 11:
# Anatomía de una flor (o)

## Introducción:

La siguiente práctica consiste en diseccionar una flor con el fin de poder observar las partes internas que la componen. Esta actividad práctica, aunque es un clásico, resulta muy didáctica, y el hecho de estudiar la naturaleza a partir de materiales naturales consigue un aprendizaje muy significativo.

| PRÁCTICA 11: Anatomía de una flor | | |
|---|---|---|
| **¿Me interesa esta práctica?** | **OBJETIVOS DE APRENDIZAJE:**<br>• Localizar las partes internas de una flor.<br>• Identificar los nombres de las partes internas de la flor.<br>• Utilizar material natural para aprender sobre la naturaleza. | |
| | **CONCEPTOS CLAVE:**<br>Partes internas de la flor, reproducción sexual de las plantas. | **CONCEPTOS RELACIONADOS:**<br>plantas autóctonas, polinización, sistemas dispersión semillas. |
| | **MATERIAL:**<br>• Flores<br>• Bisturí o tijeras (opcional)<br>• Papel blanco o bandeja (opcional)<br>• Pinzas (opcional) | **TEMPORIZACIÓN:**<br>1 hora |

## Procedimiento:

1. Se coge una flor y se abre por la mitad, se puede abrir con un bisturí o unas tijeras, aunque normalmente es mejor hacerlo con las propias uñas de las manos.
2. Se coloca encima de la mesa, aunque es mejor ponerla sobre un papel blanco o una bandeja de un color que resalte con el de la flor.
3. Se pueden utilizar unas pinzas para poder coger con delicadeza las diferentes partes de la flor y poder separarlas para observarlas bien. En la figura 33 se muestra un ejemplo de flor con sus partes internas, en este caso, se trata de una flor de almendro. Esta flor, muy parecida a otras como la del cerezo, el ciruelo y otros árboles frutales, tiene una anatomía muy típica y es muy fácil separar cada una de sus partes y poder identificarlas. Además, tienen una buena medida para que se puedan apreciar fácilmente.

## Resultados esperados:

En la figura 33 se muestran las partes internas de la flor del almendro. Se puede pedir al alumnado que realice un dibujo y coloquen el nombre de cada una de las partes internas de la flor o bien si se trata de alumnado de ciclo superior pueden tomar una foto y con algún programa informático colocar los nombres de cada parte, como se muestra en la figura 33.

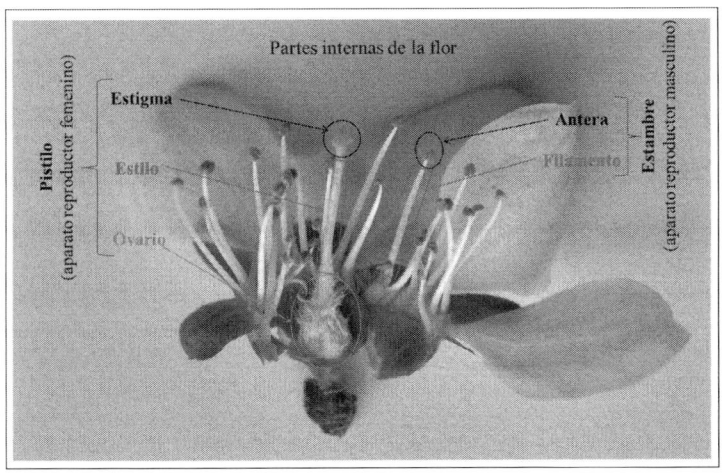

**Figura** 33. Disección de una flor de almendro e identificación de sus partes internas.

Para estudiar minuciosamente las flores también se pueden realizar secuenciaciones. Una secuenciación consiste en ordenar distintos elementos que encontramos en un árbol (o planta) según el orden temporal en el que van apareciendo en el mismo árbol. En la figura 34 se muestra una secuenciación para observar cómo se abre una poncella. La secuenciación debe realizarse en el propio árbol, sin necesidad de coger las flores, aunque también se podría coger y trabajarlo en el aula. En la figura 35 se muestra la secuenciación del proceso madurativo de la flor del almendro.

*#OJO: A veces las flores de algunas plantas tienen las partes internas situadas de una forma anómala y nos puede costar identificarlas. Por ejemplo, la flor del fresno no tiene pétalos, solo el pistilo y dos anteras situadas a los lados. En este caso, si no somos expertos, nos costará identificar cada una de las partes. También tenemos otras flores raras, como la margarita, que, siendo muy común, no presenta las partes típicas de la flor, ya que el botón amarillo central es realmente un conjunto de flores pequeñas (cuyas partes no podremos identificar a simple vista) y todas ellas están rodeadas por una corona de pétalos. Por eso, siempre que hacemos esta práctica debemos asegurarnos primero de que sabemos identificar las partes de las flores que vamos a estudiar.*

Figura 34. Secuenciación de la flor del almendro abriéndose.

Figura 35. Secuenciación de la maduración de la flor del almendro.

Finalmente, se puede elaborar una secuenciación para ver cómo la flor se va convirtiendo en fruto (figura 36). En la figura 37 se muestra la evolución que experimenta el pistilo una vez la flor ha sido polinizada para generar finalmente el fruto, que es, en este caso, la almendra (figura 38).

*#OJO: Este es un concepto que cuesta que el alumnado comprenda y aprenda significativamente, por lo tanto, ver todo el proceso de desarrollo del fruto a partir de la flor fecundada a través de una secuenciación puede ser una muy buena idea para trabajarlo de manera vivencial.*

**Figura 36.** La flor madura se marchita y el ovario se convierte en el fruto del almendro.

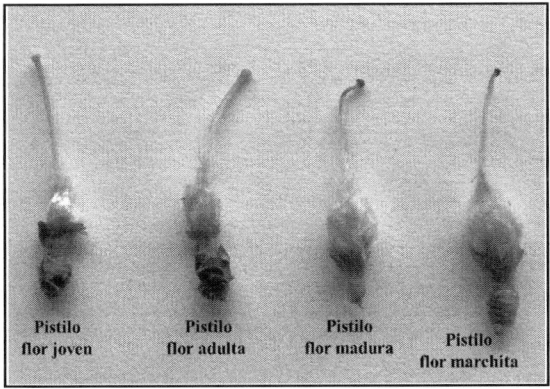

**Figura 37.** Transformación del pistilo (aparato reproductor femenino) dentro de la flor una vez esta ha sido polinizada.

**Figura 38.** La flor se convierte finalmente el fruto, en este caso, la almendra.

*#PARASABERMÁS: Al hacer esta práctica y trabajar las partes de la flor, vamos a recordar cómo es el proceso de reproducción sexual de las plantas. Para que las plantas se reproduzcan, los estambres producen el polen (polvo), donde se encuentran las células sexuales femeninas. El polen entra por el pistilo y baja hasta el ovario, donde se encuentran los óvulos de la planta. El polen fecunda al óvulo y se forma la semilla. Cada planta tiene un número de semillas determinado, puede ser una o pueden ser varias. Alrededor de la semilla, el ovario empieza a desarrollarse para convertirse en el fruto. Mientras, las otras partes de flor que han dejado de ser funcionales van marchitándose y cayéndose: los pétalos, los estambres, la parte superior del pistilo (estigma y estilo), etc.*

### La polinización

La polinización es el mecanismo mediante el cual se fecunda la flor. En este proceso, el polen debe llegar al aparato reproductor femenino (pistilo) para fecundar los óvulos que allí se encuentran, y una vez fecundados, finalmente, se transforman en la semilla. Es importante destacar que el proceso de polinización y fecundación solo puede tener lugar entre árboles o plantas de la misma especie. Las plantas hermafroditas, que poseen los dos sexos, pueden reproducirse ellas mismas, aunque también pueden reproducirse con otras plantas de la misma especie. Mientras que, en las plantas con sexos diferenciados (masculinas y femeninas) es el polen del árbol masculino el que debe llegar a la planta femenina para poder fecundar la flor.

Los árboles y las plantas tienen un gran inconveniente, no pueden desplazarse como lo hacen los animales para buscar pareja y reproducirse, pero han desarrollado distintos mecanismos en los cuales otros seres vivos, o distintos elementos, les ayudan a llevar a cabo algunas funciones, como puede ser el proceso de polinización y posterior fecundación de la flor.

El mecanismo más extendido es el de la polinización, llevado a cabo por los insectos. Los insectos, sobre todo las abejas, acuden a las flores en busca del néctar, una sustancia dulce y deliciosa que se encuentra en el interior de la flor. Al ponerse el insecto encima de la flor para coger el néctar, el polen, una sustancia pegajosa que contiene las células reproductoras masculinas, se les queda pegado a las patas. De este modo, cuando las abejas se desplazan a otras flores puede ser que a su paso dejen polen de otras plantas de la misma especie y, de ese modo, formen parte activa, sin saberlo, del proceso de reproducción de las plantas (figura 39).

**Figura 39.** Localización del néctar de la planta y abeja encima de una flor comiendo del néctar y haciendo la polinización.

*Una vez fecundada la flor, sus óvulos se convertirán en semillas. El fruto se formará a partir del ovario, que se va desarrollando y va adquiriendo una forma u otra en función del mecanismo de dispersión de las semillas que tenga dicha planta.*

### Mecanismos de dispersión de las semillas

*El motivo por el que los árboles producen frutos no es que nosotros podamos disfrutar de ellos, sino que tiene que ver con su proceso de reproducción. El mecanismo de reproducción más común es el de los árboles frutales. Los árboles producen frutos grandes, con buen aspecto y con un sabor agradable para atraer a los animales para que estos se coman el fruto, por ejemplo, la cereza. En este caso, las plantas utilizan a los animales como vía de dispersión de las semillas. Estos animales comerán el fruto y expulsarán la semilla, normalmente a través de sus heces. Sea como sea, la transportarán a otro sitio, cosa que aumenta las posibilidades de que la semilla germine dando lugar a un nuevo árbol.*

*Existen otros mecanismos de dispersión mediante los cuales los árboles y plantas pueden dispersar sus semillas, en la figura 40 se muestran algunos ejemplos:*

- En la imagen 40A se muestra el fruto del baladro; este fruto se seca en la misma planta y, al secarse, se abre y libera un montón de semillas, cada una de ellas con una especie de pluma especial que les ayuda a dispersarse a través del aire.

- En la imagen 40B se observa el fruto del fresno; su vía de dispersión también es a través del aire, en este caso, el fruto consta de una semilla con una especie de hoja especial unida a ella y que le facilita su dispersión a través del aire. El fruto se llama de forma popular «helicóptero».

- En la imagen 40C se puede ver el fruto de la retama; su sistema de dispersión se realiza de forma mecánica, es decir, la propia planta empuja la semilla para que caiga en diferentes sitios y haya más posibilidades de que aparezcan nuevas plantas. El fruto se seca en la planta y, al secarse, gira sobre un eje central creando la forma que se muestra en la imagen, y las semillas salen disparadas.

- En la imagen 40D muestra un cerezo, el sistema de dispersión de la semilla de este fruto es el mismo que realizan todos los árboles frutales. Su dispersión se realiza gracias a los animales, que comen el fruto y dispersan la semilla a través de sus heces.

- En la imagen 40E se observa el azahar de la China, el cual tiene un sistema de dispersión de las semillas un poco diferente a los anteriores. El fruto se seca y abre en la propia planta y aparecen unas semillas rojas, brillantes y cubiertas de una sustancia pegajosa. Al abrir-se, sus semillas caen al suelo y se enganchan al pelo y las patas de los animales, los cuales transportan las semillas de un lugar a otro.

- Finalmente, en la imagen 40F se muestra el fruto de la bardana común, una planta muy pequeña y modesta, que a menudo se mezcla con el césped, y deja a su paso frutos con espinas que se pueden enganchar al pelo de los animales o a nuestra ropa y somos nosotros los responsables de su dispersión. El fruto tiene una espiral interna con las semillas pegadas en su interior. Al moverse de un sitio a otro saltan las semillas y se diseminan por distintos sitios.

**Figura 40.** Árboles con distintos mecanismos de dispersión de sus semillas. A) baladro; B) fresno; C) retama; D) cerezo; E) azahar de la China; F) bardana.

# Práctica 12:
# ¡Qué calor! Adaptaciones
# de las plantas (o)

## Introducción:

Las plantas del clima mediterráneo se caracterizan por soportar altas temperaturas y un ambiente muy seco. Las plantas y también los animales están adaptados para vivir en el ambiente donde se encuentran, de lo contrario, su supervivencia estaría comprometida. Es por ello por lo que, a lo largo de la evolución, han desarrollado ciertas adaptaciones al medio en el que viven, esas son las adaptaciones evolutivas. Estas adaptaciones son características de cada organismo y les permiten vivir cómodamente en un medio con unas características concretas.

Además, las plantas, al no poder desplazarse, deben tener unas adaptaciones evolutivas muy potentes para lograr sobrevivir. La siguiente actividad presenta cuáles son las adaptaciones evolutivas que permiten a las plantas vivir en el clima mediterráneo.

| PRÁCTICA 12: ¡Qué calor! Adaptaciones de las plantas | | |
|---|---|---|
| ¿Me interesa esta práctica? | **OBJETIVOS DE APRENDIZAJE:**<br>• Identificar las características del bosque mediterráneo.<br>• Identificar las adaptaciones evolutivas de las plantas al clima mediterráneo.<br>• Nombrar plantas de especies autóctonas.<br>• Reconocer las diferentes comunidades vegetales. | |
| | **CONCEPTOS CLAVE:** clima mediterráneo, adaptaciones evolutivas, comunidades vegetales. | **CONCEPTOS RELACIONADOS:** cambio climático, deforestación. |
| | **MATERIAL:** Una guía de aprendizaje para cada alumno o grupo de alumnos. | **TEMPORIZACIÓN:** Se puede realizar en 1-2 horas, pero puede durar un día entero, dependiendo del recorrido hasta llegar al paraje natural. |

## Procedimiento:

Se deberá llevar al alumnado a una comunidad vegetal para poder identificarla y estudiarla. Es conveniente que los docentes visiten con anterioridad dicho lugar para ver cómo es la vegetación en ese momento y qué posibilidades didácticas ofrece (hay muchas flores, hay muchos frutos...), así como identificar el tipo de plantas presentes para poder realizar una identificación previa a la excursión y preparar el contenido de la misma.

A continuación, se presentan las principales comunidades vegetales que se pueden encontrar en un bosque mediterráneo (tabla 16).

Tabla 16. Comunidades vegetales del clima mediterráneo y sus características.

| Comunidad vegetal | Características |
|---|---|
| Prado o Herbazal | Formado principalmente por hierbas. |
| Maleza | Presencia principalmente de arbustos. |
| Bosque | Presencia de árboles con buena cobertura de copas. |
| Otras comunidades | Zarzales (formados por arbustos espinosos y lianas, muy impenetrable). |

**Bosque:** Es un conjunto vegetal donde predominan una o varias especies de árboles que se alzan por encima de algunas hierbas y arbustos, pero los elementos dominantes son los árboles. Estas especies arbustivas, herbáceas y lianoides son inspearables del bosque y constituyen lo que llamamos sotobosque. Los bosques llevan el nombre del árbol principal de esa comunidad, por ejemplo, cuando en un bosque hay muchos pinos se llama pinar, cuando en un bosque hay mayoritariamente robles, se trata de un robledal, etc.

La acción humana a veces es responsable de la transformación del bosque, es común elminar el sotobosque mediante operaciones calificadas de «limpieza», y así se habla habitualment de bosques «sucios» o «limpios» en función del estado de su sotobosque. Con esta práctica se quiere imitar a las boscanas, que son bosques limpios en su estado natural, pero no es correcto destruir el sotobosque cuando hay muchos arbustos y plantas, ya que, si no pasa de forma espontánea, conducirá a un desequilibrio entre las especies del ecosistema.

Las exigencias de las explotacions forestales o el riesgo de incendio en sitios donde hay mucha afluencia de gente pueden ser algunos de los casos concretos que justifican estas prácticas, aunque entonces esta tiene que realizarse de forma eficaz y localizada en aquellos sitios donde realmente es necesaria.

Los bosques que se sitúan en las orillas de los ríos o alrededor de los estanques reciben la denominación de «bosque de ribera». Al estar los árboles distribuidos en un espacio largo y estrecho, también son denominados «bosques de galerías».

**Maleza:** Se puede definir la maleza como un conjunto vegetal relativamente denso, donde predominan los arbustos o maleza. En función de la densidad y la altura de la vegetación, las comunidades vegetales reciben diferentes nombres.

El clima mediterráneo es muy parecido al californiano, por lo tanto, algunas comunidades vegetales son prácticamente iguales en ambos sitios, aunque recibirán nombres diferentes.

**Herbazal:** Además de en otros sitios, se suelen encontrar en la parte más alta de las montañas, donde nieva en invierno. Está compuesto principalmente por hierbas bajas.

Una vez trabajadas las distintas comunidades vegetales que se pueden encontrar se procederá con el alumnado a observar y estudiar una comunidad vegetal *in vivo*. A continuación, se muestra un ejemplo de cómo se podría estudiar el matorral (concretamente la de romero), típica del clima Mediterráneo. Primero se dejará que el alumnado realice una observación del lugar a su aire y se fijen en aquellas características que les sean interesantes. También se les pedirá que intenten encontrar características comunes entre los diferentes tipos de especies vegetales.

1. Para que el alumnado realice una descripción de cómo es la comunidad vegetal en la que se encuentran se les proponen las siguientes preguntas:
   • ¿Qué características tiene la comunidad vegetal que hemos visitado?
   • ¿Qué altura tienen las plantas?
   • ¿Es una vegetación fácilmente penetrable?
   • ¿Crees que esta comunidad vegetal se ve muy distinta en diferentes épocas del año? (cambios estacionales y ciclos biológicos).
   • ¿Ves que el suelo sea muy fértil?
   • ¿Qué tipo de planta es más abundantes?
   • ¿A estas plantas les da mucho el sol?
   • ¿Parece una zona seca o piensas que normalmente hay mucha humedad?
   • ¿La zona está próxima a núcleos urbanos?

2. Las comunidades vegetales reciben el nombre de la planta que más abunda en la zona. Teniendo esto en cuenta, junto con las características del entorno y aquello que se ha estudiado en clase sobre los distintos tipos de comunidades vegetales, ¿dónde nos encontramos?

3. ¿Qué características tiene el romero para poder adaptarse bien al clima mediterráneo?

4. Intenta reconocer las plantas de la comunidad en la que te encuentras (se proponen diferentes ejemplares en la figura 41). Si

no sabes el nombre puedes pedir ayuda a la profesora o profesor. También existen herramientas como PlantNet, una aplicación para identificar plantas o con el uso de una clave dicotómica.

**Figura 41.** Especies vegetales típicas del matorral. A) olivo, B) brezo de invierno, C) palmito, D) tomillo, E) mata, F) zarzaparrilla, G) coscoja, H) romero, I) lavanda.

5. Busca 2 ejemplos de plantas del matorral en las cuales se observen cada una de estas adaptaciones al clima mediterráneo:
   • Con el margen replegado hacia el reverso de la hoja.
   • Con la hoja carnosa o suculenta.
   • Con la superficie foliar lineal, muy reducida.
   • Con pilosidades en el anverso de la hoja.
   • Con formaciones espinescentes.
   • Con la hoja dura.
   • Con el anverso brillante.

6. ¿Para qué sirven las adaptaciones evolutivas de las plantas?

**Resultados esperados:**

1. La comunidad vegetal en la que nos encontramos es una maleza, concretamente un matorral.

2. La planta más común en esa comunidad en concreto era el romero y el brezo de invierno.

3. Las características que tendrán para adaptarse al clima Mediterráneo son los ítems que aparecen en la pregunta 5. No todas las plantas tendrán todos los ítems.

4. Las respuestas de la identificación de las plantas de la fotografía son las siguientes:

   Nombre en castellano:
   A) olivo, B) brezo de invierno, C) palmito, D) tomillo, E) mata, F) zarzaparrilla, G) coscoja, H) romero, I) lavanda.

   Nombres en catalán:
   A) *olivera*, B) *bruc d'hivern*, C) *margalló*, D) *farigola*, E) *mata*, F) *arítjol*, G) *garric*, H) *romaní*, I) *espígol*.

5. Escoger dos plantas que presenten esas características.
   • Margen replegado hacia el reverso: olivo, algarrobo.

- La hoja carnosa o suculenta: pampajarito, aloe vera.
- La superficie foliar lineal, muy reducida: tomillo, romero.
- Pilosidades en la hoja: jara candelera, diente de león.
- Formaciones espinescentes: aliaga, esparraguera.
- La hoja dura: palmito, coscoja.

El margen replegado sobre el reverso de la hoja sirve para evitar la transpiración excesiva de la hoja y que esta pueda conservar el agua. Las plantas también transpiran, igual que los animales cuando sudan, en este caso, ellas pierden agua por unos agujeros que se encuentran en el reverso de la hoja llamados «estomas». También, cuanto más reducida sea la superficie de la hoja, menos agua perderá. Las formaciones espinescentes (forma de espina) están en una hoja reducida al máximo, por tanto, perderá aún menos agua a través de las estomas por su superficie reducida y por tener una capa dura que también protege de la pérdida de agua, esta capa está formada por ceras. Otras hojas de aspecto brillante también presentan una capa protectora formada por ceras que minimizan la transpiración. Las pilosidades de la superficie o el reverso de hoja también tienen el mismo propósito. Aquellas hojas que son suculentas son capaces de guardar agua en su interior.

6. Las adaptaciones evolutivas les sirven a las plantas para poder sobrevivir en el ecosistema en el que se encuentran. Así como en la selva amazónica podemos encontrar árboles y plantas con grandes hojas y una vegetación abundante, en el clima mediterráneo, mucho más seco y caluroso, las hojas de las plantas serán pequeñas y la vegetación será modesta y escasa. Con el alumnado se puede comparar la vegetación del clima mediterráneo con la de otros climas y así asociar las diferentes adaptaciones evolutivas a diferentes características climáticas.

*#PARASABERMÁS: Adaptaciones versus la evolución de Darwin*

*Hablar de adaptaciones de las plantas al medio puede resultar un poco confuso. Darwin nos enseñó que las especies cambian gracias a la evolución a lo largo de millones de años, y que primero hay variabilidad genética en una especie (causada por la combinación de genomas durante la reproducción sexual y también gracias a las mutaciones) y el organismo mejor preparado es el que sobrevive, mientras que los otros mueren sin tener descendencia. En el caso de estas plantas, adaptadas para soportar las altas temperaturas y con poca disponibilidad de agua, han logrado sobrevivir en este clima mientras, que otras especies han acabado por extinguirse. Por eso es más correcto hablar del término «adaptaciones evolutivas», ya que se entiende que estos cambios que han realizado las plantas para adaptarse a su entorno han sido fruto de miles de años de evolución y de pequeños cambios que han ido apareciendo en las plantas que las han hecho más o menos resistentes al ambiente donde se encontraban.*

## 2.3. Los animales

Práctica 13: El mejillón que limpiaba el agua (i/d)

Práctica 14: ¿Por qué las sardinas son de dos colores? (o)

Práctica 15: Clave de conchas (o)

Práctica 16: ¿Qué ha traído la marea? (o)

Guía práctica sobre moluscos del Mediterráneo

## 2.3. Los animales

El mundo animal despierta un gran interés y curiosidad para pequeños y adultos, siendo uno de los contenidos más importantes que se enseñan. Conocer el mundo animal es muy interesante, no solamente por el hecho de aprender sobre sus características, sus hábitats, su clasificación, su papel en las cadenas tróficas, sino para promover la empatía y el respeto hacia otras formas de vida.

Cuando se realizan actividades prácticas para estudiar los animales, es crucial recordar que tienen derechos y necesidades que deben ser respetados. En España, la regulación de la experimentación con animales se encuentra en el Código de Protección y Bienestar animal, publicado en el Boletín Oficial del Estado (BOE). Esta ley tiene como objetivo principal garantizar la máxima protección y bienestar de los animales, así como fomentar la responsabilidad y el comportamiento ético de la ciudadanía en la defensa y en su preservación. Algunas de las leyes en esta regulación son la prohibición de causar sufrimiento o maltrato a los animales y la reducción del uso de animales en experimentación, evitando repeticiones innecesarias.

Normalmente, para trabajar de forma vivencial el contenido sobre el mundo animal se realizan salidas a zoos, donde se observan animales fuera de su hábitat natural y además muchos de ellos no son autóctonos. Otro tipo de salida que se realiza es la visita a granjas, donde se observan las características de los animales que se crían en ellas, así como su alimentación y su ciclo vital.

En estas prácticas se ofrece la posibilidad de realizar algunos experimentos sencillos donde se manipularán algunas especies animales, sobre todo marinas, por la facilidad de encontrarlas en cualquier pescadería. Si se desea trabajar con otros animales de forma vivencial, los insectos son los más indicados, ya que en una salida de campo se pueden encontrar y realizar observaciones. También se pueden estudiar otros animales salvajes a partir de evidencias que dejan a su paso (como puede ser una piña mordisqueada por una ardilla, las marcas que deja un jabalí en la tierra al revolcarse o bien los agujeros en las hojas que dejan algunos insectos como los escarabajos de la malva).

Estas prácticas propuestas están pensadas para que el alumnado sea el verdadero protagonista, sienta curiosidad por descubrir, se sienta motivado para aprender, disfrute de las actividades planteadas, valorando el trabajo y debate en grupo.

# Práctica 13:
# El mejillón que limpiaba el
# agua (*Mytilidae sp*) (i/d)

## Introducción:

Los mejillones pertenecen a la familia de los moluscos, una gran familia de unas 500 000 especies descritas, tanto marinas como terrestres. El término «molusco» procede del latín y significa «blando», por el cuerpo blando del animal, por este motivo muchas especies desarrollan conchas o valvas que lo protegen. La concha se forma a partir de la epidermis —manto— que posee células secretoras de carbonato cálcico. Este carbonato cálcico cristaliza en el exterior en forma de sal (calcita), formándose así la concha que los caracteriza. El mejillón es un bivalvo (doble concha), tiende a vivir sujeto a las rocas, alimentándose de plancton, pequeños organismos que están disueltos en el agua y lo hace filtrando el agua de mar. Se caracterizan por tener un cuerpo blando y no segmentado en el que se diferencian tres regiones: cabeza, masa visceral y pie. En la figura 42 se identifica cada una de las partes de un mejillón.

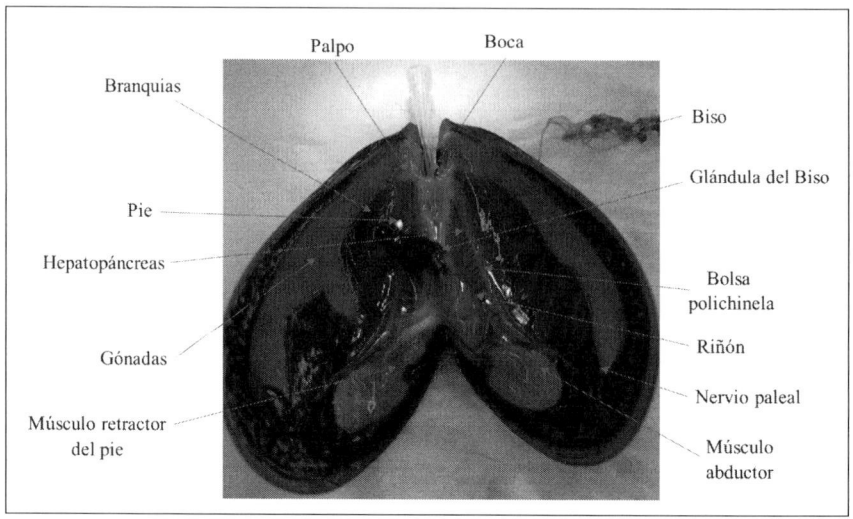

Figura 42. Mejillón abierto, con las diferentes partes señaladas.

El mejillón es un animal que filtra el agua, actúa como si se tratara de una aspiradora, lo que permite vigilar la calidad del agua, así como ayudar a depurarla. Recogen agua por sus sifones (músculos muy potentes) y por flitración a traves de la branquias, expulsan el agua limpia y se quedan con la materia organica (plancton).

Algunas especies, como el mejillón de Galicia, pueden llegar a filtrar hasta 8 litros de agua en una hora. Los mejillones se enganchan al sustrato gracias a su potente pie, son animales de tipo sésil (vive fijo al sustrato). La glándula del biso, situada sobre el pie, produce los filamentos del biso, que terminan en unas pequeñas placas adhesivas para la fijación al sustrato. Su alimentación, por lo tanto, se basa en todo lo que esté en el agua, generalmente del fitoplancton. Los mejillones tienen una gran importancia ecológica, en el filtrado de aguas marinas. Son esenciales en las cadenas tróficas marinas al suponer el alimento de una gran cantidad de especies.

La siguiente práctica se puede desarrollar como una demostración, en la cual se observa cómo el mejillon es capaz de limpiar y purificar el agua. O bien se puede convertir en una actividad indagatória, como se presenta a continuación.

| PRÁCTICA 12: El mejillón que limpiaba el agua | | |
|---|---|---|
| ¿Me interesa esta práctica? | **OBJETIVOS DE APRENDIZAJE:**<br>• Observar el proceso de filtración del mejillón.<br>• Identificar la anatomía de un molusco.<br>• Determinar si la temperatura del agua influye en la velocidad de filtración del mejillón. | |
| | **CONCEPTOS CLAVE:**<br>anatomía moluscos, filtración. | **CONCEPTOS RELACIONADOS:**<br>contaminación, acidificación de los mares. |
| | **MATERIAL:**<br>• 6 mejillones<br>• 1,5 litros de agua de mar (agua mineral con sal)<br>• Baño serológico<br>• Baño de hielo o nevera<br>• Vasos de precipitado (recipientes de volumen grande) (250-500 ml)<br>• Termómetro<br>• Pipetas Pasteur/ varillas de vidrio<br>• Material de disección: Base de poliespán, cuchillo, pinzas, cúter<br>• Papel indicador de pH<br>• Balanzas<br>• Cronometro<br>• Rojo neutro | **TEMPORIZACIÓN:**<br>• 30 minutos de preparación.<br>• 10 de toma de datos.<br>• 20 minutos de análisis de resultados y discusión. |
| Aplicamos la indagación: | **PREGUNTA DE INVESTIGACIÓN:**<br>¿La temperatura influye en la velocidad de filtración del mejillón? | |
| | **VARIABLE DEPENDIENTE:**<br>Velocidad de filtración* | **VARIABLE INDEPENDIENTE:**<br>temperatura del agua. | **VARIABLES DE CONTROL:**<br>cantidad de agua, tipo de agua, tamaño del mejillón, tiempo. |

*Se mide de manera indirecta en función de la disminución del colorante.

## Procedimiento:

1. Preparar una solución de rojo neutro en agua de mar. Aproximadamente 0,005 gramos de rojo neutro en un litro de agua de mar.
2. Pesar cada mejillón que se va a utilizar (anotar el peso).
3. Llenar con una solución de rojo neutro dos vasos de precipitados de 250 ml y colocarlos a diferentes temperaturas.
   • Temperatura 1 (T1): temperatura ambiente entre 15 y 20 ºC.
   • Temperatura 2 (T2): en un baño serológico de 28 a 32 ºC.
   • Temperatura 3 (T3): nevera a 4 ºC.
4. Colocar tres vasos con agua de mar sin colorante a las mismas temperaturas de ensayo, para comprobar la vitalidad de los mejillones (al comprar los mejillones se debe observar la etiqueta de cuando se han recolectado, esto nos dará una idea de su frescura y de la posibilidad de que más individuos estén vivos).
5. Cuando el agua este a la temperatura de ensayo, colocar dentro de cada vaso, un mejillón. Antes de ello es importante comprobar que estén vivos. Para ello se les aplica una ligera presión sobre la concha y se observa si el mejillón reacciona.

   *#OJO: Los mejillones han de quedar completamente cubiertos de agua, con suficiente agua por encima.*

6. Observar cuándo abre las valvas el mejillón y anotar la hora (este será el tiempo cero, el momento en el cual se inicia el experimento). Debido a que el hielo de la pescadería donde se conservan los aletarga, al ponerlos en la temperatura de trabajo, esperar que se adapten.
7. Durante el experimento ir haciendo medidas de la temperatura (se debe mantener en los intervalos definidos al inicio del experimento), airear un poco los recipientes removiendo con una varilla de vidrio o con cuidado de no estresar al mejillón.
8. Una vez se haya producido la aclaración total de agua en el experimento, extraer el mejillón y llevarlo a un recipiente con agua de mar sin colorante.

9. Anotar el tiempo que ha tardado en «limpiar» el agua en cada temperatura.
10. Pesar los mejillones y comparar si el peso a variado respecto al inicio del experimento.
11. Abrir los mejillones, tanto el que ha estado en solución rojo neutro y en agua.
12. Anotar los datos en una tabla similar a la propuesta (tabla 17). Los datos podrían ser la temperatura, el peso inicial y final de cada mejillón, y el color del agua). También se pueden tomar fotos cada cierto tiempo para que sea más fácil analizan los resultados.

Tabla 17. Posible tabla para recoger datos y evidencias del experimento.

| tiempo | T1 (15 ºC-20 ºC) | | T2 (28-32 ºC) | | T3 (4 ºC) | |
|---|---|---|---|---|---|---|
| | colorante | sin colorante | colorante | sin colorante | colorante | sin colorante |
| 0 min | | | | | | |
| 15 min | | | | | | |
| 30 min | | | | | | |
| 45 min | | | | | | |
| 60 min | | | | | | |
| | | | | | | |

## Resultados esperados:

En pocos minutos, si el ejemplar está vivo, comenzará a aspirar el agua por sus sifones y a filtrarla a través de las branquias. El agua es expulsada de su cuerpo, quedando retenido el posible alimento. Y en este caso también el colorante disuelto en el agua. Para comprobar se recomienda abrir los mejillones, tanto el que ha estado en agua con colorante como el que no, y observar cada una de sus partes (figura 42). En la figura 43 se observan los mejillones en agua de mar y en agua de mar con rojo neutro al inicio del experimento (tiempo = 0), y en la figura 44 se observan pasadas 3 horas. La diferencia en el color de la solución del mejillón que se puso con rojo neutro es evidente el mejillón ha «limpiado el agua de colorante» y el agua ha dejado de ser roja.

La temperatura ideal para el mejillón es alrededor de 20 a 25 ºC, por lo tanto, será más rápida la limpieza del agua coloreada a temperaturas altas más que la nevera. Es decir, en las temperaturas 1 y 2, el mejillón filtrará más rápido que en la temperatura 3. Puede que incluso el mejillón de la temperatura 3 (nevera) no logre limpiar de colorante el agua, ya que su metabolismo se ve ralentizado por el frío. A temperaturas superiores a 25 ºC, su metabolismo puede resultar comprometido y no filtrar de manera eficiente.

*#PARASABERMÁS: Se puede intentar diferenciar entre macho y hembra mirando las gónadas. La gónada es anaranjada en las hembras y blanquecina en los machos.*

**Figura 43.** Mejillones al iniciar el experimento (izquierda control, derecha con rojo neutro).

**Figura 44.** Mejillones a las 3 horas de iniciar el experimento (izquierda control, derecha con rojo neutro).

*#ESCOGE: Realizar una demostración o llevar a cabo un proceso de indagación. Podemos poner un mejillón en agua con colorante y observar cómo filtra el agua para entender cómo se alimenta. También se puede optar por jugar con distintas variables y convertirlo en una actividad de indagación. Por ejemplo, tal y como se muestra en esta práctica, la variable independiente (modificada) puede ser la temperatura. Otra opción sería utilizar distintas especies de mejillones para ver cuál es la más eficiente a la hora de depurar el agua, en este caso, la temperatura y demás variables deberían mantenerse constantes. Se podría optar por poner agua con distintas concentraciones de sal como variable independiente y ver cuál es la concentración de sal óptima para el mejillón.*

## Reflexión para el alumnado:

1.  **¿Como sabemos que los mejillones están vivos para utilizarlos en el ensayo?**
    Los mejillones se deben comprar el día del experimento o el día anterior. Es importante observar la etiqueta de la malla, para asegurarse de que son frescos. Con el hielo de la pescadería se quedan aletargados, es decir, todas sus funciones

están reducidas por el frío. Antes de ponerlos en los vasos del experimento, dejarlos en un poco de agua de mar, que se atemperen y se les hace una ligera presión sobre las valvas Si reaccionan cerrando las valvas con más fuerza es que aún están vivos, si no reaccionan, o no se abren es que ya no están vivos y no se pueden utilizar en el experimento.

2. **¿Todos los órganos del mejillón se han teñido?**

Los mejillones son animales que básicamente se alimentan gracias a la filtración. Al añadir rojo neutro al agua este colorante teñirá el mejillón por dentro, sobre todo los órganos implicados en la filtración. Al cabo de un rato, sus órganos digestivos también se podrán observar de color rojizo.

3. **¿Dónde se concentra la coloración?**

En el manto, que es la primera barrera de retención, así como en las branquias, que es donde se absorbe.

4. **¿Qué interés tiene pesar el mejillón antes y después de realizar el experimento?**

El mejillón se alimenta a través de la filtración de agua. Al filtrar el agua retiene el plancton y pequeños microorganismos acuáticos de los cuales se alimenta. Por tanto, si el mejillón aumenta de peso al final el experimento indicará que ha retenido materia orgánica presente en el agua. Se podría asociar el hecho de que los mejillones que más han aumentado de peso también son los que más agua han filtrado, ya que el aumento de peso se debe a la materia orgánica retenida proveniente de la filtración.

5. **¿Se podría hacer este experimento con agua del grifo? ¿O con agua embotellada?**

El mejillón es un animal de agua salada, el agua del grifo y la embotellada no contienen sales, y eso podría influir en la vitalidad del mejillón, que podría morir. Además, el cloro presente en el agua del grifo puede afectar a la respiración del mejillón, ya que el ion cloro le podría ocasionar graves daños.

#PARASABERMÁS:

*¿Cuál es la importancia de los mejillones como indicadores de contaminación del agua?*

*Los mejillones pueden ser un indicador de la contaminación de los mares. Por un lado, porque si el nivel de contaminación es elevado, su población puede verse reducida o incluso puede desaparecer. Y, por otro, porque el análisis de los compuestos que encontramos dentro de estos organismos nos da una idea de las sustancias que podemos encontrar en el agua y de su calidad. Actúan filtrando el agua y concentrando los compuestos para ponerlos en evidencia. Algunos grupos de investigación utilizan mejillones para hacer estudios sobre la calidad del agua.*

*¿Es saludable comer mejillones?*

*Sí, podemos comer mejillones, aunque no debemos abusar de ellos, sobre todo si provienen de sitios donde la calidad del agua no es la óptima.*

# Práctica 14:
# ¿Por qué las sardinas son de dos colores? (o)

## Introducción:

Muchas veces se estudia la anatomía de los animales, sus partes, sus peculiaridades y, por otro lado, se explican las características sobre sus hábitos, costumbres, dónde viven, etc., pero, y si ¿pudiéramos relacionar una cosa con la otra? El aspecto físico de un animal y sus características lo hacen apto para vivir en un hábitat concreto. Cada especie está adaptada al medio donde vive, de lo contrario, la especie se extingue. Eso ha sido fruto de miles de años de evolución, en los que especies nuevas han aparecido y otras no han tenido tanta suerte y se han extinguido. El proceso de la evolución es complejo, Darwin postuló la teoría de la selección natural sobre la cual se sustentan las idees actuales sobre la evolución de las especies. Hay evidencias fósiles que demuestran que las especies han ido cambiando a lo largo de los años. Gracias a los cruces entre individuos de la misma especie y a las mutaciones existe cierta variabilidad entre los individuos de una misma especie, de entre esos individuos, los mejor adaptados para afrontar las condiciones del medio en el que viven son los que sobrevivían y serán capaces de pasar esos genes a su descendencia. Por lo tanto, las adaptaciones que las especies han ido adquiriendo a lo largo de la evolución, o adaptaciones evolutivas, nos pueden explicar, como veremos en esta práctica, dónde vive y cómo vive un animal simplemente observando su aspecto físico.

| PRÁCTICA 14: ¿Por qué las sardinas son de dos colores? | | |
|---|---|---|
| **¿Me interesa esta práctica?** | **OBJETIVOS DE APRENDIZAJE:**<br>• Observar la anatomía de un pez.<br>• Relacionar el aspecto físico de un animal con las características del medio en el que vive.<br>• Ejemplificar el concepto de adaptación evolutiva. | |
| | **CONCEPTOS CLAVE:**<br>fauna autóctona, peces, animales marinos. | **CONCEPTOS RELACIONADOS:**<br>evolución, adaptación evolutiva. |
| | **MATERIAL:**<br>• Sardinas o boquerones<br>• Palayas o lenguados<br>• Bandejas<br>• Pinzas<br>• Tijeras | **TEMPORIZACIÓN:**<br>• 10 minutos de preparación.<br>• 20 min la observación.<br>• 20 minutos la disección. |

## Procedimiento:

* Dividir la clase en pequeños grupos, preferiblemente grupos de 2 y 4 personas.
* Repartir a cada grupo una bandeja con unas tijeras y unas pinzas.
* Repartir una palaya y una sardina (o peces de aspecto similar en sustitución de alguno de ellos).
* Observar, identificar y anotar las características de cada pez.
* Formular hipótesis sobre las ventajas que les pueden conferir a cada pez sus características anatómicas.

**Resultados esperados:**

Tabla 18. Guía sobre los aspectos más relevantes a contrastar entre ambas especies de pez.

| | Sardina | | Palaya | |
|---|---|---|---|---|
| | Observación | Explicación | Observación | Explicación |
| ¿De qué color son? | La sardina tiene la parte del lomo de color oscuro, casi negro, mientras que la parte inferior es de color plateado. | Esta doble coloración se debe a que la sardina sale por la noche (las barcas que salen a pescarla salen de madrugada y van con grandes focos). Por la noche vemos el mar oscuro, por lo tanto, este color será un buen camuflaje para ella. La parte inferior será plateada para deslumbrar a los peces que estén por debajo suyo, con la luz de la luna y poder huir. | La palaya tiene la parte superior de color arena, mientras que la parte inferior es de color blanco. | La palaya se camufla perfectamente bajo la arena o muy cerca de ella, el color de la palaya, muy parecido al del fondo del mar, nos indica que no será una gran nadadora y vivirá pegada al suelo para poder camuflarse fácilmente. |
| ¿Qué forma tienen? | La sardina es pequeña, tiene forma fusiforme, alargada y con un aspecto ágil. | La sardina tiene una forma óptima para poder nadar fácilmente y poder huir de los depredadores. | Tiene una forma ancha y plana. | Gracias a su color arena y su forma plana se camufla en la arena, para no ser descubierta por sus depredadores y poder atacar mejor a sus presas. |
| ¿Cuál es la disposición de sus aletas? * | La sardina tiene aletas pequeñas, situadas a lo largo de todo su cuerpo. | La disposición de las aletas, junto con su forma alargada, la hace una excelente nadadora, para poder huir de los depredadores. | La palaya tiene sus aletas en los laterales de su cuerpo. | Las aletas laterales le permiten avanzar nadando, bien pegada al suelo, para poder huir de los depredadores y para atacar sus posibles presas. |

| | | | |
|---|---|---|---|
| ¿Tienen vejiga natatoria? *** | Sí. | Eso les permite nadar más fácilmente, ya que la vejiga es un órgano adicional que solo poseen algunos peces, para subir y bajar de nivel muy rápidamente sin notar tanto el cambio de presión. | No. | Eso es porque no son grandes nadadores, se pasan la mayoría del tiempo camuflados en la arena o nadando pegadas a ella para no ser vistos por depredadores o presas. |
| ¿Tienen dientes? ¿Cuál es el tamaño de su boca? *** | No. | No tienen dientes, ya que se alimentan de plancton. | Sí. | Pueden comer otros animales más pequeños, como pequeños peces, gambas, cangrejos, etc. para comprobarlo también podemos hacer la disección del estómago y a veces dentro encontramos el alimento aún sin digerir. Una prueba más del tipo de alimentación que tiene. |
| ¿Cuál es su disposición de los ojos? | Tiene los ojos situados en ambos lados de la cara. | La disposición de los ojos de la sardina es la típica que tiene los animales que habitualmente son presas, para poder ver el mayor rango posible y huir de los depredadores. Otros animales como el conejo, la cabra, etc., también tienen esta disposición. | Tiene los ojos en la parte superior de su cuerpo. | La disposición de los ojos nos indica que la palaya es un depredador. Aunque obviamente puede ser comido por peces más grandes que él, tiene los ojos en la parte delantera superior para poder visualizar una presa y perseguirla. También los tiene a la parte de arriba para facilitar su camuflaje en la arena del fondo del mar y poder acechar a sus presas o huir de sus depredadores. |

*Para poder observar mejor las aletas pueden separarlas del cuerpo del pez con la ayuda de unas pinzas. En la figura 45 se detalla la disposición de las aletas de una sardina.

**Para observar la vejiga natatoria, así como el contenido del estómago del pez, será necesario hacerle una disección. Se realiza un corte recto desde debajo del cuello hasta la altea anal y veremos que la carne se desprende muy fácilmente de la espina en el caso de la sardina, y con más dificultad en la palaya. Una vez abierto el pez, la vejiga natatoria se localiza (solo en el caso de la sardina) justo debajo del lomo del pez, y es como un plástico transparente que puede estar hinchado o deshinchado. Por otro lado, el estómago es el órgano más grande, sobre todo lo veremos en el caso de la palaya, y tendrá una coloración rosada, en el caso de la palaya puede ser de color beige. Se puede abrir con cuidado para intentar observar los alimentos que acaba de ingerir el pez. Como más fresco sea el pescado, más opciones de encontrar restos de animales en el estómago.

*** Para abrirle la boca y observar bien sus dientes se le introducen las pinzas en la boca y se abren. Se puede observar que la boca es mucho más grande de lo que parece.

**Figura** 45. Aletas de una sardina.

*#ESCOGE:* Esta práctica se puede realizar con peces parecidos y ver que comparten alguna característica, pero también se puede realizar con otros animales y no necesariamente con animales reales. Con fotografías de animales se puede intentar que alumnado deduzca y adivine las características sobre dónde viven o cuáles son sus hábitos. Por ejemplo, los osos tienen un pelaje denso y espeso para protegerse del frío y grandes dientes, ya que son omnívoros y pueden alimentarse de otros animales, tienen los ojos delante, ya que son cazadores, etc.

*#OJO:* Esta práctica implica el uso de animales, aunque la finalidad de la práctica es aprender se debe respetar si algún alumno/a decide no realizar la práctica si creen que esta puede herir su sensibilidad.

# Práctica 15:
# Clave de conchas (o)

## Introducción:

Realizar actividades con conchas marinas permite estudiar una parte de la fauna autóctona marina sin la necesidad de usar animales vivos. En esta práctica se mostrará, por un lado, cómo utilizar una clave dicotómica ya creada y, por el otro, se explicará cómo elaborar una clave dicotómica. Se detallarán los pasos para su creación. El uso de claves dicotómicas, aunque es un clásico, en la actualidad se ha visto que es una herramienta muy interesante por sus aplicaciones didácticas y se ha incluido en el currículum de educación primaria. Además, se ofrecerá una pequeña guía que permite identificar y tener información sobre las principales conchas que se pueden encontrar en las playas del mar Mediterráneo.

Las claves dicotómicas tienen como objetivo identificar y poner nombre propio a distintas plantas, animales, rocas y minerales u otros elementos. Pero, para hacer eso, la clave debe describir con todo lujo de detalles esos elementos, de modo que es una herramienta muy útil para aprender el vocabulario y las partes de los elementos que se clasifican.

| PRÁCTICA 15: Clave de conchas | | |
|---|---|---|
| ¿Me interesa esta práctica? | **OBJETIVOS DE APRENDIZAJE:** <br> • Identificar las principales conchas de nuestras costas. <br> • Adquirir conocimiento sobre la fauna autóctona. <br> • Identificar las partes de las conchas. <br> • Adquirir vocabulario para describir los elementos naturales. <br> • Manipular material natural. | |
| | **CONCEPTOS CLAVE:** clave dicotómica, conchas, mar Mediterráneo. | **CONCEPTOS RELACIONADOS:** animales autóctonos, fauna marina. |
| | **MATERIAL:** colección de conchas marinas encontradas en las playas. | **TEMPORIZACIÓN:** 2 horas |

*#OJO:* Esta actividad se podría hacer ligada a una excursión a la playa donde el alumnado podría recolectar algunas conchas para poder ser estudiadas e identificarlas en clase. Recordemos la importancia de interferir lo mínimo posible en el medio natural y de intentar dejarlo prácticamente igual a cómo lo hemos encontrado.

## 1. ¿Cómo utilizar una clave dicotómica ya hecha?

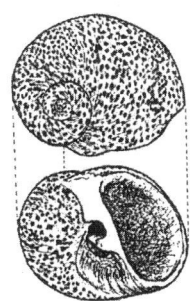

*Ejemplo 1:* Tenemos en nuestras manos esta concha cuya imagen vemos al lado de este texto y se nos pide que adivinemos su nombre a partir de una clave dicotómica ya elaborada, que podemos observar a continuación.

*#OJO:* No todas las claves dicotómicas sirven para identificar cualquier concha o caracola, tiene que ser una clave hecha específicamente para dichos elementos.

```
       ┌ Caracol (1)
     ─┤
       └ Concha (2)


       ┌ Caracol rugoso, alargado, con muchas vueltas y de color oscuro.........PADA
  (1) ─┤ Caracol liso, globuloso, con pocas vueltas, de color claro, con puntos
       └ marrones..................................... CARACOL DE LUNA PUNTEADO


       ┌ Concha con lineas radiales o costillas (3)
  (2) ─┤
       └ Concha con lineas concentricas.............. ESCOPINYA MALTESA


       ┌ Concha alargada, con costillas finas y juntas............. ARCA DE NOÉ
  (3) ─┤ Concha redondeada con costillas muy marcades y separadas...... CONCHA
       └ DE PEREGRINO
```

## Procedimiento:

Observo el caracol que tengo físicamente delante o bien a partir de una fotografía real o, en su defecto, un dibujo. Me fijo en la primera clave y me pregunto: «¿Se trata de un caracol o una concha?», como la respuesta es «caracol», veo que la opción «caracol» tiene a continuación el número 1, por lo tanto, bajo hasta la clave que tiene delante este número y, nuevamente, me hago otra pregunta: «¿Se trata de un caracol rugoso, alargado, con muchas vueltas y color oscuro o bien es un caracol de aspecto liso y globuloso, con pocas vueltas, color claro y puntos marrones?», la respuesta correcta es la segunda, entonces, miro esa opción en la clave y me lleva a un nombre: «Caracol de luna punteado», por lo tanto, estoy delante de un caracol con el nombre de «Caracol de luna punteado».

*Ejemplo 2:* Esta vez tenemos este otro elemento, una concha, se identificaría de la misma forma que se ha realizado con el caracol.

## 2. ¿Cómo crear una clave dicotómica?

Para crear una clave dicotómica se necesitan un conjunto de conchas, en este caso, pero pueden ser hojas, minerales u otros elementos. Es imprescindible conocer el nombre de cada uno de los elementos que se desean clasificar. Por ese motivo, se facilita en este capítulo una pequeña guía para poder identificar algunas de las conchas más características de nuestras costas, pero se pueden identificar también conchas con otras guías más específicas o bien con la ayuda de Internet. En la figura 46 se muestran 5 ejemplos de conchas a partir de los cuales se explicará cómo se elabora una clave dicotómica.

**Figura** 46. Cinco ejemplos de conchas para crear la clave dicotómica. A: Berberecho rocoso; B: Pada; C: Chirla; D: Caracol de luna punteado; E: Arca de Noé.

## Procedimiento:

1. Primero es necesario dividir el conjunto de elementos en dos grupos. En este caso, lo más lógico es dividirlas en conchas y caracolas.

   *#OJO: Se deben diferenciar las conchas según una característica que destaque mucho y que todo el mundo sea capaz de observar. Por ejemplo, si se decide dividir estos elementos entre grandes y pequeños, seguramente todos verán la concha A como una concha grande y la C como pequeña, pero algunos tendrán dudas sobre la concha E o los caracoles, por lo tanto,*

*dividir estos elementos según la medida no es un criterio demasiado objetivo, se debería escoger otro.*

2. Colocar los dos grupos en la primera clave.

   *#OJO: La primera clave nunca tiene número.*

3. Escribir el número 1 en la opción por la cual se quiera empezar. El otro grupo de elementos se reserva para más tarde.

   *#OJO: Normalmente se inicia con el grupo que contiene menos elementos, ya que así podremos terminar rápidamente con ese grupo y podremos centrarnos en el otro grupo más grande y más complejo. En este caso en concreto tenemos 3 conchas y 2 caracolas, por lo tanto, ponemos el numero 1 al lado de la opción caracolas.*

   $$\left\{ \begin{array}{l} \text{Caracol (1)} \\ \text{Concha (2)} \end{array} \right.$$

4. Dividir en dos grupos los caracoles según una característica que nos parezca relevante y objetiva. Como en este caso tenemos solo dos caracoles, está claro que en cada grupo hay solo una caracola. Debemos pensar en una característica que las diferencie. En este caso, la característica que me llama más la atención es que uno es liso y el otro rugoso, aunque esto es muy personal y puede ser que otra persona vea otra como más clara.

   *#OJO: A continuación de la característica principal (que es el tacto) se han añadido algunas otras características que nos confirman que realmente estas ante la concha que nos está marcando la clave. Estas características extras se pueden poner o no, todo depende del objetivo que se persiga con dicha clave, si queremos a hacer un juego en el que nos interesa que se haga una identificación rápida, entonces optaremos por poner*

*pocas características y que sean muy claras para asegurar que acertamos en la concha que es. En el caso de querer trabajar y profundizar en el vocabulario para describir las conchas u otros elementos que utilicemos para la clave, entonces cuantas más características se usen mejor.*

Caracol (1)
Concha (2)

(1) ⎧ Caracol rugoso, alargado, con muchas vueltas y de color oscuro.........PADA
⎨ Caracol liso, globuloso, con pocas vueltas, de color claro, con puntos,
⎩ marrones...................................... CARACOL DE LUNA PUNTEADO

5. Retomar el grupo que se había dejado apartado, en este caso, el de las conchas.
6. Dividir las conchas en dos grupos. Para utilizar otra característica nueva que no se haya usado antes y para enriquecer el vocabulario de la clave, se opta por diferenciar ahora entre conchas con las líneas radiales (verticales) y líneas concéntricas (horizontales).

*#OJO: Debemos ver las líneas que están marcadas con el relieve, no con los dibujos de las conchas. Tenemos solo una concha con líneas concéntricas, así que lo pongo como una opción y pongo el nombre (chirla), en el otro grupo hay dos conchas (berberecho rugoso y arca de Noé.*

Caracol (1)
Concha (2)

(1) ⎧ Caracol rugoso, alargado, con muchas vueltas y de color oscuro.............PADA
⎨ Caracol liso, globuloso, con pocas vueltas, de color claro, con puntos,
⎩ marrones................................................ CARACOL DE LUNA PUNTEADO

(2) ⎧ Concha con lineas radiales o costillas (3)
⎨ Concha con lineas concentricas...........................................................CHIRLA

7. Como hay más de una concha en esta opción pongo un número y abro debajo de esta clava una nueva clave con las dos conchas restantes.

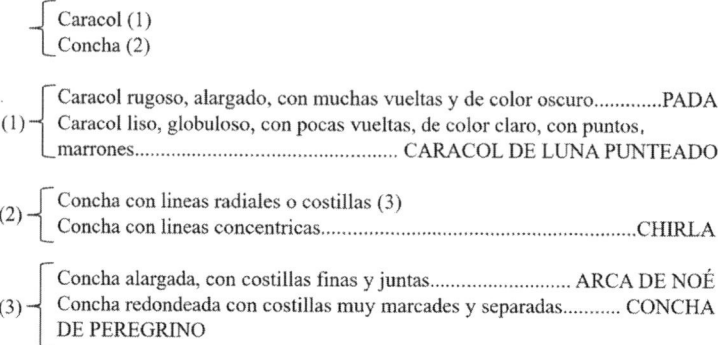

Caracol (1)
Concha (2)

(1) Caracol rugoso, alargado, con muchas vueltas y de color oscuro..............PADA
Caracol liso, globuloso, con pocas vueltas, de color claro, con puntos, marrones................................................. CARACOL DE LUNA PUNTEADO

(2) Concha con lineas radiales o costillas (3)
Concha con lineas concentricas...........................................................CHIRLA

(3) Concha alargada, con costillas finas y juntas........................... ARCA DE NOÉ
Concha redondeada con costillas muy marcades y separadas........... CONCHA DE PEREGRINO

*#OJO: Para saber si la clave es correcta y está «cerrada» debes asegurarte de que (1) la primera clave no tiene número, (2) las otras claves tienen números delante, (3) después de cada opción de las claves hay, o bien el nombre de una conchas o caracol, o bien un número que te guía hasta una nueva clave.*

# Práctica 16:
## ¿Qué ha traído la marea? (o)

**Introducción:**

Las excursiones son el momento perfecto para aprender directamente de la naturaleza, que es una manera de motivar al alumnado en su aprendizaje. Además, conocer el entorno natural permite que sea valorado, respetado y protegido. Conocer las especies que viven en el mar es complicado, pero existe una manera de poder observar las especies que viven en él y aprender sobre ellas y es paseando por la playa. Después de un temporal las playas están llenas de animales marinos, muchas veces muertos, o restos de estos animales. De modo que pasear por la playa después de un temporal permite observar especies animales que de otro modo sería muy complicado. En la figura 47 se muestra la variedad de fauna animal que puede encontrarse en una playa después de un temporal, antes de que esta sea limpiada.

**Figura 47.** Aspecto que tendría una playa si esta no se limpiara después de un temporal.

| PRÁCTICA 16: ¿Qué ha traído la marea? | | |
|---|---|---|
| **¿Me interesa esta práctica?** | **OBJETIVOS DE APRENDIZAJE:**<br>• Reconocer los elementos marinos presentes en la playa.<br>• Relacionar los elementos marinos con el animal o planta al cual pertenecen.<br>• Relatar curiosidades sobre la fauna y flora marinas. | |
| | **CONCEPTOS CLAVE:**<br>flora y fauna marina, fósil, ecosistema, clima. | **CONCEPTOS RELACIONADOS:**<br>mar Mediterráneo, conchas. |
| | **MATERIAL:**<br>• Cuerda<br>• Tijeras<br>• Sardina | **TEMPORIZACIÓN:**<br>a partir de 1 hora, dependiendo de las actividades que se quieren hacer en la playa. |

A continuación, se presentan los elementos marinos que mayoritariamente se puede encontrar en las playas del mar Mediterráneo.

1. **Cangrejos de arena vivos**, paseando por la orilla de la playa es fácil de poder observar estos animales que se encuentran enterrados bajo la arena. Para que salgan los cangrejos de arena vivos se puede utilizar un anzuelo, bastará con una cuerda con una sardina atada al final, la cual se irá arrastrando cerca de la orilla. La sardina o pez similar se puede pasear por la orilla o bien se puede dejar atado en un sitio fijo. Para fijarlo se ata

en un palo como si se tratara de una caña de pescar. Los cangrejos saldrán para comer la sardina y podremos observarlos. Se pueden coger con cuidado y ver cómo andan de lado o bien cómo vuelven a la orilla para ocultarse en la arena. También se pueden observar los cangrejos de roca, aunque las rocas son un espacio más peligroso para el alumnado puesto que pueden hacerse daño, si hay algún sitio accesible se pueden ir a ver los cangrejos y ver las diferencias de morfología y color entre los cangrejos de arena y los de roca.

2. Otro elemento que habitualmente se encuentra en la playa son las **conchas marinas**. Permiten realizar muchas actividades didácticas como la que se ha planteado con anterioridad «clave dicotómica de conchas».

   La mayoría de las conchas se pueden clasificar en caracolas o almejas, pero también existen algunas conchas con formas especiales como las que se muestran en la figura 48.

**Figura 48.** (A) diferentes conchas que tienen formas especiales o bien son interesantes para explicar curiosidades sobre conchas marinas, (B) concha de caracol de luna, responsable del agujero de la almeja que tiene al lado, (C) ojo de Santa Lucía con el caracol de la cual provienen.

En la figura 48A se pueden observar dos lapas, estos animales se consideran formas especiales, puesto que no posee de dos valvas como las demás conchas sino una sola, ya que viven sobre rocas y la valva les protege del exterior. Las que viven en las profundidades tienen un agujero arriba que les sirve para comer y deshacerse de los materiales residuales de forma más práctica, en cambio, las que vienen en las rocas no tienen agujero, puesto que tienen que hacer el vacío para adherirse a ellas. También tenemos una concha de ostra de perro que se caracteriza por su forma irregular y su interior nacarado y muy brillante.

3. Otro animal muy curioso es **el diente de elefante**. Puedes conocer más sobre él en el apartado «Guía práctica sobre los moluscos del Mediterráneo». Es un organismo muy sencillo, que únicamente presenta las partes básicas que le permiten sobrevivir, un pequeño estómago, un corazón y unas patas para poder nadar impulsándose. Se pueden encontrar especímenes de tamaño mucho más grande en islas tropicales. Los jefes de las tribus de las islas del mar Caribe se hacían collares con ellas.

4. **El ojo de Santa Lucía** parece un caracol, pero tiene una forma plana con una caracola dibujada y la parte posterior es de un color anaranjado. Es, en realidad, la tapa del caracol que se puede observar en la figura 48C, la peonza rugosa.
A veces encontramos conchas en la playa con agujeros redondeados y perfectos, el alumnado puede hacer hipótesis sobre cómo piensan que se han formado. El responsable de que haya estos agujeros es el caracol de luna, un caracol de mar capaz de producir ácido en sus mandíbulas para atacar los animales que tienen concha y poder comérselos.

5. También es probable encontrar **restos de otros animales marinos** que no son conchas. Se muestran algunos ejemplos en la figura 49.

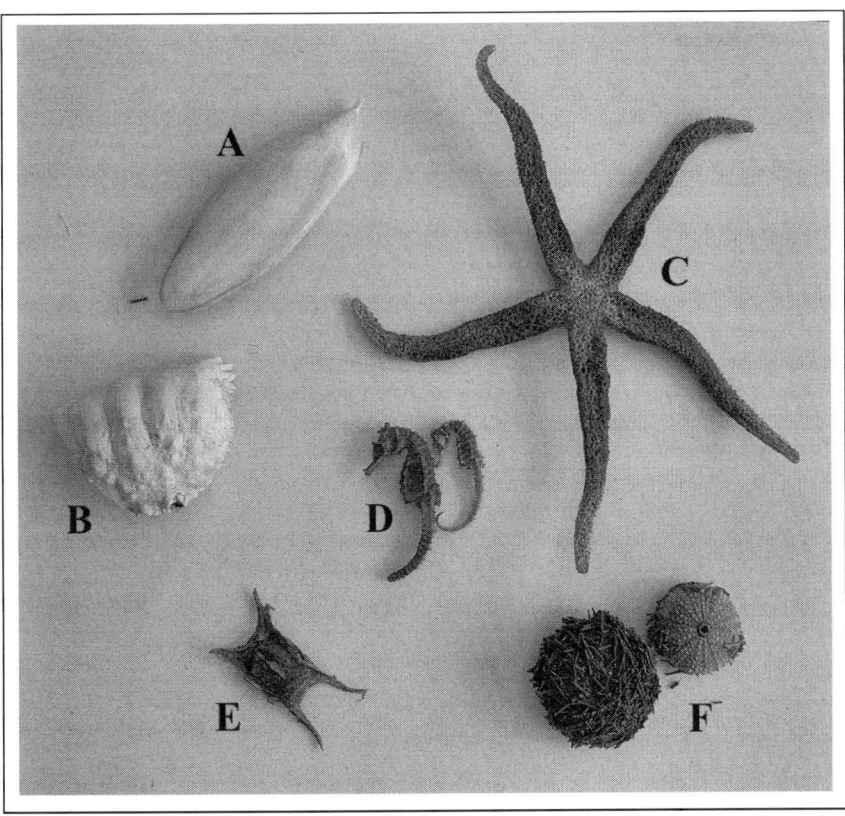

**Figura 49.** Restos de animales marinos: A) concha interna de sepia (jibión), B) concha externa de cangrejo, C) estrella de mar, D) caballitos de mar, E) huevo de tiburón, F) concha de erizo de mar.

Se pueden encontrar estrellas de mar (figura 49C), la mayoría de las que aparecen en la orilla estarán muertas, puesto que no pueden sobrevivir mucho tiempo fuera del agua, también es fácil encontrar restos de conchas de cangrejo (figura 49B), conchas de caracoles y almejas.

**Figura 50.** Restos de animales marinos. (A) conchas de erizo de mar, (B) concha interna de sepia, (C) huevo de tiburón y (D) resto de planta Posidonia.

En la playa se pueden encontrar cápsulas de huevos de peces de distintos tipos, como el huevo de tiburón (figura 50C), conchas de erizo de mar (figura 50A). También es común encontrar el esqueleto de la sepia (figura 50B).

Otro elemento curioso es la pelota de posidonia (*Posidonia oceánica*) (figura 50D), se forma a partir de los restos fibrosos de esta planta (posidonia) que vive sumergida formando praderías extensas. Los temporales literalmente «tejen» estas pelotas que después se pueden encontrar por la playa. El hallazgo de estas pelotas en la playa es señal de que la flora marina está bien conservada.

6.  Otros elementos que se puede hallar son los **fósiles de animales marinos** (figura 51). De hecho, no es muy habitual encontrarlos en las playas, es usual hallarlos en zonas que actualmente son montañosas. Esto es debido al movimiento de las placas tectónicas que produce cambios en el relieve de la tierra y lo que hace años fue un fondo marino actualmente son cordilleras.

**Figura 51.** Fósiles de conchas marinas.

# Guía práctica sobre moluscos del Mediterráneo

Esta guía es un material de soporte para ayudar a los docentes a iniciar al alumnado en el estudio de los moluscos a través de la observación de sus caracoles y conchas. El objetivo es identificar y reconocer las conchas más comunes del mar Mediterráneo (nombre, descripción, hábitat y otros aspectos). El alumnado podrá coleccionar y observar conchas, que, gracias a esta guía, podrán identificar a partir de claves dicotómicas.

| Nombre: | **Caracol de luna punteado** | |
|---|---|---|
| Nombre en catalán: | *Cargol de llunya puntejat* | |
| Nombre científico: | *Natica Stercusmuscarum* | |
| Descripción de la concha: | Puede medir hasta 5 centímetros. Es una concha de color claro, con puntitos de igual medida de color marrón claro. La concha es globulosa, con un gran desarrollo en la última vuelta, que conforma una apertura semicircular. Presenta ombligo. Aunque se pueden observar unas finas líneas de crecimiento, la concha es lisa y brillante. | |
| Hábitat: | Vive en los fondos arenosos y fangosos de todos los mares. | |
| Observaciones y curiosidades: | Es conocido como caracol de luna, ya que su opérculo tiene forma de medialuna. Son cazadores muy activos, que buscan sus presas debajo de la arena. Se alimentan sobre todo de bivalvos, a los cuales inmovilizan con una red mucosa antes de perforar su concha. Tiene unas poderosas mandíbulas que, con la ayuda de sus secreciones ácidas, son capaces de perforar las concha con unos agujeros pequeños y redondos perfectos, típicos de algunas conchas que todos hemos encontrado en la playa. | |

| Nombre: | **Peonza rugosa** | |
|---|---|---|
| Nombre en catalán: | *Baldufa rugosa* | |
| Nombre científico: | *Astraea Rugosa* | |
| Descripción de la concha: | Puede medir hasta 6 o 7 centímetros. De color pardo, rosado o rojizo, con la parte externa del opérculo anaranjado y la parte interna blanca con el dibujo de una espiral. Concha con ornamentación rugosa. La última vuelta es ancha y plana (el espiral no sobresale demasiado). | |
| Hábitat: | Se encuentra en las rocas a partir de la franja infralitoral. | |
| Observaciones y curiosidades: | Tiene un opérculo calcáreo conocido como ojo de Santa Lucía, su nombre según leyendas antiguas, se les consideraban mágicos y curaban enfermedades de los ojos. También había gente que lo utilizaba como amuletos de la suerte. | |

| Nombre: | **Pada** | |
|---|---|---|
| Nombre en catalán: | *Pada* | |
| Nombre científico: | *Cerithium vulgatum* | |
| Descripción de la concha: | Puede medir hasta 50 o 60 milímetros. De color terrosos, con distintas tonalidades y manchas blancas distribuidas al azar.<br>Concha alargada y de aspecto robusto. Ornamentación entre nudos y pinchos en las espiras que le dan un aspecto accidentado.<br>Boca oval con el labio externo ligeramente ondulado, canal sifonal* corto. | |
| Hábitat: | Son abundantes a poca profundidad (hasta unos 10 metros), sobre las rocas o en los herbazales sumergidos de algas o fanerógamas marinas. | |
| Observaciones y curiosidades: | Es muy común encontrar estas conchas vacías en la playa, por tanto, que muchas veces sirven de casa para los cangrejos ermitaños. | |

*Canal sifonal: Extensión semitubular de la abertura de la concha (se muestra en la siguiente imagen).

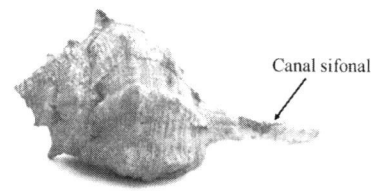

Canal sifonal

| Nombre: | **Arca de Noé** | |
|---|---|---|
| Nombre en catalán: | *Peu de cabrit o arca de Noé* | |
| Nombre científico: | *Arcae Noae* | |
| Descripción de la concha: | Los adultos pueden llegar a medir entre 6 y 10 centímetros de largo. De color castaño, sobre todo en los extremos. Conchas con valvas similares, alargadas, con forma rectangular y plana en la parte posterior. Tiene unas costillas juntas y poco marcadas. A veces está recubierta de pelitos cortos. | |
| Hábitat: | Vive a partir de pocos metros de profundidad, generalmente lejos de la costa. Se suele encontrar adherida por pequeños filamentos a brechas, paredes rocosas, en la cara inferior de las piedras y con frecuencia se encuentra recubierta de esponjas rojas y algas. | |
| Observaciones y curiosidades: | Es habitual encontrar la concha en la playa con las dos valvas juntas, puesto que tienen una charnela muy consistente y muchos dientes pequeños que encajan a la perfección. Es comestible, para poder ser capturada debe medir, según la legislación, como mínimo 5 centímetros. | |

| Nombre: | **Chirla** | |
|---|---|---|
| Nombre en catalán: | *Rossellona o escopinya maltesa* | |
| Nombre científico: | *Chamela gallina* | |
| Descripción de la concha: | La largada máxima es de 3,5 centímetros. La coloración externa es variada, blanca, grisácea o marrón claro. La cara interna de las valvas es blanca, con bordes brillantes y el centro opaco. La concha es ovalada, con los extremos redondeados. En la superficie hay una gran cantidad de anillos concéntricos, irregulares y a veces ásperos. | |
| Hábitat: | Se encuentra a poca profundidad en los suelos arenosos, es muy común. | |
| Observaciones y curiosidades: | Concha apreciada gastronómicamente. Se trata de una especie comestible muy comercial, la legislación marca que su captura debe ser a partir de los 3 centímetros de largo. | |

| | |
|---|---|
| Nombre: | **Escupiña gravada, Pie de burro o Verigüeto** |
| Nombre en catalán: | *Escopinya gravada* |
| Nombre científico: | *Venus verrucosa* |
| Descripción de la concha: | Puede medir hasta 5 centímetros. Coloración crema-avellana blanquecina o grisácea. Los radios están marcados de color más oscuro. El interior de la concha es de color blanco. Presenta estrías concéntricas muy marcadas, con pequeños tubérculos en la región anterior. Concha redondeada, es prácticamente circular. |
| Hábitat: | Presente en fondos fangosos y arenosos, desde la zona infralitoral hasta más de 100 metros de profundidad. |
| Observaciones y curiosidades: | Es comestible y bastante aparecida gastronómicamente. |

| | |
|---|---|
| Nombre: | **Zamburiña o peine** |
| Nombre en catalán: | *Petxina estriada, petxina variada o pinta* |
| Nombre científico: | *Chlamys varia* |
| Descripción de la concha: | Puede medir hasta 60 milímetros. La coloración es muy variable: blanco, gris, amarillo, naranja, rojo y muchas veces de color púrpura oscuro. Las orejas son muy desiguales. La superficie externa de las valvas presenta unos pliegues radiales muy juntos. Concha Variada Concha de Peregrino |
| Hábitat: | Se encuentra en grietas y agujeros en las rocas, es abundante en los fondos coralinos. |
| Observaciones y curiosidades: | La concha Variada es de la misma familia que la concha de Peregrino o «vieira», muy conocida gastronómicamente, puede llegar a los 20 centímetros de ancho y vive sobre el fondo arenoso del mar. Los individuos de la concha de Peregrino pueden saltar bruscamente al abrir y cerrar sus valvas, eso les permite huir de su mayor depredador, la estrella de mar. |

| Nombre: | **Almeja lisa** |
|---|---|
| Nombre en catalán: | *Ou o escopinya frare* |
| Nombre científico: | *Mactra corallina* |
| Descripción de la concha: | Oscila entre 5 y 6 centímetros de largo.<br>La coloración puede ser totalmente blanquecina o bien tener bandas de color amarillo o terroso alternadas de manera concéntrica. También puede presentar numerosas líneas radiales estrechas y blancas. El interior es de color violáceo, aunque a veces puede ser blanco.<br>La concha es bastante ligera, oval-triangular con el margen de las valvas liso. La concha es muy lisa, aunque a veces se intuyen las líneas de crecimiento concéntricas. |
| Hábitat: | Se encuentra a poca profundidad en playas arenosas. |
| Observaciones y curiosidades: | Es muy común y comestible. |

| Nombre: | **Almendra de mar** |
|---|---|
| Nombre en catalán: | *Petxinot o Ametlla de mar* |
| Nombre científico: | *Glycymeris glycymeris* |
| Descripción de la concha: | Puede medir hasta 6-6,5 centímetros.<br>Extremadamente típicas, con manchas negras y color marrón claro, con líneas de crecimiento muy marcadas.<br>Las valvas son hinchadas, robustas y consistentes. De forma redondeada con cierta asimetría.<br>La cara interna es de color blanco con los márgenes dentados. |
| Hábitat: | Escarba justo por debajo de la superficie de barro o de arena.<br>Se pueden encontrar desde la zona infralitoral hasta 80 metros de profundidad. |
| Observaciones y curiosidades: | Es muy común en nuestras costas y es comestible. |

| Nombre: | **Ostra de perro** | |
|---|---|---|
| Nombre en catalán: | *Fulla de rosa* | |
| Nombre científico: | *Anomia ephipplum* | |

Puede medir hasta 6 centímetros.

**Descripción de la concha:** La coloración externa es variable (blanca, amarilla o rosada) y el interior es nacarado. Las valvas son translúcidas.

Es una concha irregular, con una forma especial, más o menos redondeada.

Las valvas son desiguales y finas. La valva izquierda (en el dibujo) es cóncava, con los bordes cortantes y la superficie externa rugosa, la valva de la derecha es más plana y frágil que la otra y tiene una perforación redondeada a través de la cual se adhiere al sustrato.

La concha no tiene charnela para unir sus dos partes, se unen mediante el ligamento y los músculos abductores del animal.

**Hábitat:** Es una especie muy común, que puede estar adherida a cualquier tipo de objeto como rocas o conchas más grandes. Se encuentra a poca profundidad.

**Observaciones y curiosidades:** La concha puede modificar su forma para adaptarse a los objetos a los que se fija.

---

| Nombre: | **Diente de elefante** | |
|---|---|---|
| Nombre en catalán: | *Ullal d'elefant* | |
| Nombre científico: | *Dentalium vulgare* | |

**Descripción de la concha:** Puede medir hasta 6 centímetros. Algunas especies de mares lejanos pueden llegar hasta los 15 centímetros.

Color blanco, hacia la parte superior puede tener tonalidades amarillentas o rojizas.

Concha alargada, ligeramente arqueada, con forma de colmillo de elefante, con finas costillas longitudinales, abierta por los dos extremos.

| | |
|---|---|
| Hábitat: | Vive colgado por la arena. Se pueden observar ejemplares hasta a 50 metros de profundidad. Es bastante frecuente en el mar Mediterráneo. A menudo sus conchas se pueden observar en la playa después de un temporal.<br>En general, los dientes de elefante viven enterrados con la cabeza abajo en los fondos areneros más o menos fangosos de todos los mares, desde pocos metros de profundidad hasta las foses abisales. |
| Observaciones y curiosidades: | Tienen un cuerpo muy simplificado y adaptado a la forma de la concha, alargado y con los órganos en disposición lineal.<br>Se alimentan de microrganismos que capturan y que se llevan a la boca gracias a los tentáculos.<br>Las conchas de diente de elefante siempre han tenido un gran valor. En África y en las Islas de los mares del Sur se llegaron a utilizar como moneda y algunas tribus del Norte de América las utilizaban como joyas, el jefe de la tribu llevaba grandes collares con dientes de elefante.<br><br><br><br>T: Tentáculos, B: Boca,<br>I: Intestino, G: Gónadas, P: Pie |

# 3.

# Glosario

**ADN:** el ácido desoxirribonucleico, es una molécula compleja que se encuentra en el núcleo de todas las células y constituye el principal elemento del material genético de los seres vivos. Está formado por un azúcar, la desoxirribosa y una base nitrogenada (que puede ser Adenina, Timina, Citosina o Guanina) y por un grupo fosfato. La disposición secuencial y azarosa de estas cuatro bases a lo largo de la doble cadena codifica la información genética siguiendo el criterio de complementariedad: A-T y G-C, las dos hebras están unidas entre sí por unas conexiones denominadas «puentes de hidrógeno».

**Alimentación autótrofa:** Cuando un organismo es capaz de fabricarse su propio alimento a partir de moléculas sencillas (moléculas inorgánicas) que encuentra en el medio. Por ejemplo, la fotosíntesis es un tipo de alimentación autótrofa típica de las plantas.

**Alimentación heterótrofa:** Es aquella que llevan a cabo los seres vivos que necesitan alimentarse de otros seres u organismos. Las sustancias orgánicas ingeridas son convertidas en sustancias más sencillas y de este proceso se obtienen la energía necesaria para realizar las funciones vitales.

**Almeja:** Es el nombre coloquial para referirse a moluscos bivalvos (doble concha) que viven enterrados en la arena o el barro en las orillas de ríos o de marismas.

**Antimicrobiano:** Se denominan así las sustancias que matan o detienen el crecimiento de los microorganismos de forma amplia. Las sustancias antimicrobianas se pueden clasificar según su especificidad de modo que las sustancias que solo actúan sobre las bacterias se llaman antibióticos y las que solo actúan sobre los hongos antifúngicos.

**ATP** *(adenosín trifosfato)*: Trifosfato de adenosina, es la principal molécula que almacena y transporta energía en los seres vivos.

**Bipartición:** También llamada fisión binaria, es una forma de reproducirse asexualmente las bacterias y algunos tipos de levaduras. La célula madre duplica el material genético y posteriormente se divide en dos células hijas idénticas. En algunas bacterias este proceso es muy rápido y puede durar tan solo 20 minutos (ejemplo *Escherchia coli*).

**Ciclos biogeoquímicos:** Son procesos naturales que implican la circulación y reciclaje de elementos químicos esenciales para la vida, como el carbono, el nitrógeno, el fósforo, etc., a través de los componentes bióticos (seres vivos) y abióticos (suelo, agua, atmosfera) de un ecosistema. Estos ciclos permiten la absorción, uso, liberación y reutilización constante de los elementos químicos por los organismos vivos y el entorno en un equilibrio dinámico. Los principales ciclos biogeoquímicos incluyen el ciclo del carbono, el ciclo del nitrógeno, el ciclo de fosforo, entre otros, y son fundamentales para la sostenibilidad de los ecosistemas y la vida.

**Colonia (colonia microbiana):** Es el resultado de la multiplicación de un microorganismo sobre la superficie de un medio sólido diseñado para su crecimiento. La colonia la conforman millones de individuos y se puede observar a simple vista, sus características son específicas de cada microorganismo lo cual permite su identificación.

**Concha:** Es la cobertura dura, rígida y externa que poseen ciertos animales. Formada en su mayor parte por sales como el carbonato de calcio, presenta una función protectora en los moluscos. Puede constar de una sola pieza, también denominada valva, como por ejemplo el caracol, puede constar de dos valvas como las almejas o de ocho como los quitones.

**Coinoculación:** Es cuando coexisten dos tipos de microorganismos en una misma muestra o cultivo. Cada uno de ellos realiza una reacción distinta y, por tanto, los reactivos y productos de sus reacciones son diferentes. La coinoculación es una práctica muy típica en la industria alimentaria especialmente en reacciones de fermentación para la elaborar alimentos.

**Control negativo:** Es una muestra del experimento que no recibe ningún tratamiento y, por lo tanto, no debe experimentar ningún cambio. Al no añadir ningún tratamiento se sabe cuál va a ser el resultado. Si se observan cambios nos indicará que alguna cosa en el experimento no funciona y será necesario repartirlo. El control negativo también sirve para comparar los resultados de las muestras experimentales.

**Cromatografía:** Es una técnica usada para separar los componentes de mezclas complejas. La cromatografía permite separar, identificar y cuantificar los componentes de una mezcla usando alguna de sus características químicas.

**Cultivar:** En microbiología, un cultivo es un método para la multiplicación de microorganismos, normalmente se prepara en un medio sólido o líquido especial para obtener el crecimiento del microorganismo de interés.

**Difusión simple:** Se refiere al transporte de sustancias o moléculas pequeñas a favor de gradiente (desde concentraciones más altas hacia concentraciones más bajas para intentar llegar a un equilibrio de concentraciones. Este tipo de transporte no requiere aporte de energía.

**Eucariota:** Célula con un núcleo definido por una membrana nuclear. Este núcleo contiene el material genético.

**Facultativos:** Los microorganismos facultativos son capaces de obtener energía en presencia de oxígeno (respiración celular) o bien en ausencia de oxígeno (fermentación).

**Fermentación:** Es un proceso por el cual los microorganismos (como las levaduras y las bacterias) obtienen energía a partir de compuestos orgánicos, como son los azúcares, y pueden transformarlos en compuestos químicos más simples como el dióxido de carbono y el alcohol.

**Fermentación alcohólica:** Es un proceso biológico en el que algunos microorganismos procesan los azúcares (glúcidos) como la glucosa, la fructosa, la sacarosa y el almidón para obtener alcohol y dióxido de carbono. Durante este proceso, que tiene lugar en ausencia de oxígeno, el microrganismo obtiene energía para poder vivir. Esta fermentación se puede utilizar para elaborar bebidas alcohólicas como el vino y la cerveza. También se utiliza para elaborar el pan (en este caso, el alcohol se evapora y no está presente en el producto final). Actualmente también se produce alcohol a gran escala para utilizarlo como biocombustible gracias a este proceso.

**Fermentación láctica:** Es un proceso biológico en el que algunas bacterias (llamadas bacterias lácticas, por ejemplo, *Lactobacillus*) u otros microorganismos, obtienen energía a partir de la glucosa y producen ácido láctico. Existen distintos alimentos que se elaboran con dicha fermentación como son el yogur o el kéfir. En las células musculares de los animales también puede tener lugar esta reacción, cuando en ausencia de oxígeno el musculo necesita energía, por ejemplo, durante un esfuerzo físico. Como resultado de esta fermentación se acumula ácido láctico en los musculo causando unos pequeños pinchazos que conocemos con el nombre popular de «agujetas».

**Fotoautótrofo:** Organismos que sintetizan su propio alimento fijando carbono inorgánico gracias a la utilización de la luz solar. Los organismos son las plantas, algas y algunas bacterias.

**Fotosíntesis:** Reacción mediante la cual los organismos fotoautótrofos convierten dióxido de carbono y agua en glucosa y oxígeno. La fotosíntesis es la responsable de mantener unos niveles elevados de oxígeno en la atmosfera.

**Gemación:** Tipo de reproducción asexual (sin intercambio de material genético) típica de algunas levaduras y también de algunos hongos pluricelulares. La levadura más conocida, *Saccharomyces cerevisiae*, tiene este tipo de reproducción. Antes de que la célula se divida en dos se forma una gema (un pequeño bulto) en la célula madre. Esta gema dará lugar a la nueva célula o célula hija. Esta pequeña gema va creciendo, y la célula madre le transfiere parte del citoplasma y la mitad del núcleo durante la división celular (mitosis). La célula hija va aumentando su tamaño hasta que es casi igual de grande que la madre y a continuación se desprende de ella.

**Heterótrofo:** Organismos que no son capaces de producir su propio alimento y lo obtienen consumiendo materia vegetal o animal.

**Kombucha:** Es una bebida fermentada. Es una infusión de té que ha sido fermentada por distintos microorganismos y que tiene un sabor ácido. En función del tipo de fermentado, su sabor puede ser diferente. Contienen microorganismos vivos por lo que es un alimento probiótico que ayuda a la digestión. En los últimos años se ha hecho muy popular y es fácil de encontrar en prácticamente todos los supermercados.

**Metabolismo:** Es el conjunto de reacciones bioquímicas que ocurren en una célula o un organismo. Si las reacciones generan energía se llaman catabólicas (suelen ser reacciones que fragmentan moléculas grandes en otras más pequeñas), mientras que aquellas que requieren de energía para poderse llevar a cabo se llaman anabólicas (suelen ser reacciones de síntesis, a partir de moléculas pequeñas se generan moléculas más grandes).

**Microorganismo:** ser vivo que no es visible a simple vista y que está formado por una célula o por pocas células.

**Microscopio:** Es una herramienta que permite observar objetos o materiales que son demasiado pequeños para ser visualizados a simple vista. El más común es el microscopio óptico. Es un juego de lentes que permite por refracción de la luz aumentar el contraste de la imagen obtenida. Hay muchos tipos de microscopios que han ido evolucionando, dando lugar a equipos más precisos y potentes como el microscopio electrónico, el de fluorescencia, el de barrido, entre otras variantes que permiten investigar los componentes celulares.

En la figura siguiente se muestran las diferentes partes de un microscopio óptico y en la tabla posterior se explica la función de cada una de ellas.

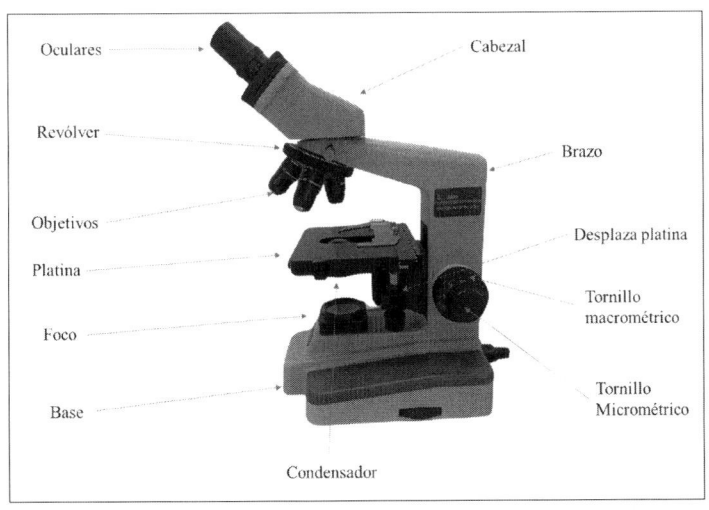

| Sistema | Parte | Función |
|---------|-------|---------|
| Sistema óptico | Ocular | Lente cerca del ojo del observador. Amplia la imagen del objetivo. |
| | Objetivo | Lente situada cerca de la preparación. |
| | Condensador | Lente que concentra los rayos luminosos sobre la preparación. |
| | Diafragma | Regula la cantidad de luz que entra en el condensador. |
| | Foco | Dirige los rayos luminosos hacia el condensador. |
| Sistema Mecánico | Soporte | Mantiene la placa óptica. Tiene dos partes el pie y el brazo. |
| | Platina | Lugar donde se coloca la preparación. |
| | Cabezal | Contiene los sistemas oculares. |
| | Revolver | Contiene los objetivos, permite girar y cambiar los objetivos. |
| | Tornillos de enfoque | Se distinguen dos: macrométrico que aproxima el enfoque y el micrométrico que consigue el enfoque correcto. |

**Moléculas orgánicas e inorgánicas:** Las moléculas son combinaciones de átomos enlazados entre sí. Las diferencias entre moléculas orgánicas e inorgánicas son:

193

| Moléculas orgánicas | Moléculas inorgánicas |
|---|---|
| Contienen energía en sus enlaces | No contienen energía en sus enlaces |
| Son moléculas complejas | Son moléculas sencillas |
| Son moléculas que contienen cadenas de carbono formando uniones carbono-carbono y carbono-hidrógeno. Ejemplo: glucosa, almidón. | Son moléculas que normalmente no incluyen el carbono, aunque en algunos casos sí. Por ejemplo, en el carbonato de calcio ($CaCO_3$) o el dióxido de carbono ($CO_2$). |

**Organismo:** sinónimo de ser vivo.

**Placa de Petri:** Es un recipiente redondeo y poco profundo, con una tapa de la misma forma que permite cerrar el recipiente, pero no de forma hermética, permitiendo un intercambio gaseoso con el ambiente. Puede ser de plástico o de cristal. Es ideal para cultivar microorganismos, observar la germinación de semillas, o examinar el comportamiento metabólico de algunos microorganismos.

**Pluricelular:** Organismo formado por muchas células.

**Presión osmótica:** Es la presión que las moléculas de un disolvente ejercen sobre la membrana semipermeable (por ejemplo, la membrana celular) que las separa de una disolución de mayor concentración.

**Probiótico:** Son alimentos o suplementos que contienen microorganismos vivos destinados a mantener o mejorar la microbiota intestinal. Estos suplementos vivos han pasado un amplio control nutricional en relación a la durabilidad de su actividad benéfica, así como la viabilidad del preparado. Mientras que los prebióticos hacen referencia al conjunto de alimentos, con alto contenido en fibra, generalmente polisacáridos y oligosacáridos no amiláceos, que actúan como nutrientes para la microbiota intestinal.

**Procariota:** célula que no tiene un núcleo definido, el material genético se localiza en un lugar concreto del citoplasma, pero sin estar envuelto por una membrana nuclear.

**Quimioautótrofos:** Se refiere a los organismos que son capaces de utilizar compuestos inorgánicos como substratos para obtener energía y utilizarlos para crear materia orgánica.

**Reacción aeróbica:** Reacción que precisa la presencia de oxígeno para que se pueda llevar a cabo. Los organismos aerobios son aquellos que pueden vivir y desarrollarse en presencia de oxígeno.

**Reacción anabólica:** Es una reacción en la cual a partir de moléculas pequeñas se forman moléculas más grandes y complejas (reacción de síntesis). Este tipo de reacciones precisan de energía para poderse llevar a cabo.

**Reacción anaeróbica:** Reacción que no precisa de la presencia de oxígeno para llevarse a cabo.

**Reacción catabólica:** Es una reacción en la cual a partir de moléculas complejas se degradan y se obtienen moléculas más sencillas y energía (reacción de degradación). Este tipo de reacciones producen la energía necesaria para toda la actividad metabólica que tiene lugar en las células.

**Reacción química:** Es un proceso mediante el cual una o más sustancias (reactivos) se transforman en una o más sustancias diferentes (productos). Durante la reacción química, los enlaces entre las moléculas cambian, resultando una transformación de las propiedades químicas y físicas de las sustancias generadas.

**Reproducción asexual:** Capacidad de un organismo para fragmentar una o varias partes de su organismo y generar así un nuevo individuo. En este tipo de reproducción no hay intercambio de material genético entre dos organismos de modo que el nuevo individuo es genéticamente idéntico a su progenitor.

**Reproducción por esporas:** Llamada también esporulación. Es la reproducción que llevan a cabo las plantas no vasculares (helechos y musgos). Estas plantas forman esporas que se diseminan y permanecen en estado latente hasta que las condiciones externas son favorables para el desarrollo de la nueva planta.

**Reproducción sexual:** Para llevarse a cabo se deben unir una célula sexual masculina y una femenina para formar el nuevo individuo. En el caso de los animales se unirá un espermatozoide (célula sexual masculina) y un óvulo (célula sexual femenina) para formar el zigoto, que dará lugar al nuevo individuo. Las plantas, por su parte, tienen también una célula sexual masculina, que se encuentra en los granos de polen (que están en los estambres de las flores), y una femenina, los óvulos, ubicados en el pistilo, cuando se unen estas dos células, como en el caso de la reproducción sexual animal se forma el embrión de la nueva planta, es decir, la semilla.

**Respiración aeróbica:** La respiración aeróbica la realizan la gran mayoría de seres vivos, incluidos los humanos. Los organismos que realizan este tipo de respiración reciben el nombre de organismos aeróbicos porque requieren de la presencia de oxígeno para realizar sus procesos biológicos, es decir, la respiración celular es un tipo de metabolismo mediante el cual los seres vivos extraen energía de moléculas orgánicas (carbohidratos, lípidos y proteínas), como, por ejemplo, a partir de la glucosa, descomponiéndola en otras moléculas más sencillas (dióxido de carbono y agua) y obteniendo energía.

$$C_6H_{12}O_6 + 6O_2 \rightarrow 6CO_2 + 6H_2O + \text{energía (ATP)}$$
Glucosa + oxígeno → dióxido de carbono + agua + energía

**Respiración anaeróbica** (o anaerobia): es un tipo de metabolismo llevado a cabo por los microorganismos anaerobios, que nos demuestra que los seres vivos no respiran únicamente oxígeno. Estos seres, especialmente procariotas, pueden vivir sin la presencia del oxígeno y utilizan otras sustancias como sulfatos, nitratos u otros compuestos. Gracias a dichos compuestos pueden degradar monosacáridos u otras moléculas para obtener energía.

*Saccharomyces cerevisae*: La levadura por excelencia de la industria por su fácil y económico desarrollo. Está involucrada en la mayoría de las fermentaciones. Su nombre viene de *Saccaro*: azúcar, *myces*: hongo y *cerevisiae*: cerveza, que fue el líquido desde el cual se aisló por primera vez. Es un hongo unicelular. Su genoma fue el primero en ser secuenciado, ya que es uno de los modelos de interés biotecnológico debido a que, aunque es unicelular es un sistema eucariota con una complejidad ligeramente superior a las bacterias. Su reproducción es asexual por gemación. Las levaduras utilizan diversas fuentes de carbono incluyendo carbohidratos y aminoácidos. Metabolizan monosacáridos como glucosa, fructosa, manosa y disacáridos, como maltosa y sacarosa, pero no lactosa. Pueden usar otras fuentes como el etanol y glicerol, al escasear los azucares, pero es menos eficiente energéticamente, ya que el etanol es toxico para la propia levadura. También requieren fuentes de nitrógeno (amonio, aminoácidos), fuentes de fósforo y vitaminas.

**Unicelular:** organismo formado por una sola célula.

# 4.

# Tablas de indagación

Plantilla modelo para que el alumnado complete tras realizar cada práctica indagatoria:

| Educación Primaria | |
|---|---|
| Área: | Ciclo inicial |
| Práctica: | Trimestre: |
| Nombre: | Fecha: |

| OBSERVACIÓN | |
|---|---|
| PREGUNTA DE INVESTIGACIÓN | |
| HIPÓTESIS | |

| VARIABLES DEL EXPERIMENTO | ¿Qué estamos observando o midiendo? |
|---|---|
| | ¿Qué estamos cambiando? |
| | ¿Qué aspectos se mantienen constantes? |
| DISEÑO EXPERIMENTAL | |
| ANÁLISIS DE LOS RESULTADOS | |
| CONCLUSIONES | |

200

## Educación Primaria

| | |
|---|---|
| **Área:** | **Ciclo medio** |
| **Práctica:** | **Trimestre:** |
| **Nombre:** | **Fecha:** |

| | | |
|---|---|---|
| **¿En qué nos hemos fijado?** (observación) | | |
| **¿Qué queremos saber?** (pregunta de investigación) | | |
| **¿Qué creemos que pasará?** (hipótesis) | | |
| **¿En qué debemos fijarnos?** (variables del experimento) | **¿Qué estamos observando o midiendo?** (variable dependiente) | |
| | **¿Qué estamos cambiando?** (variable independiente) | |
| | **¿Qué aspectos se mantienen constantes?** (variables de control) | |
| **¿Qué haremos y cómo lo haremos?** (diseño experimental) | | |
| **¿Cómo debemos analizar los datos recogidos?** (análisis de los resultados) | | |
| **¿Qué hemos aprendido?** (conclusiones) | | |

## Educación Primaria

| Área: | Ciclo superior |
|---|---|
| Práctica: | Trimestre: |
| Nombre: | Fecha: |

| | | |
|---|---|---|
| OBSERVACIÓN | | |
| PREGUNTA DE INVESTIGACIÓN | | |
| HIPÓTESIS | | |
| VARIABLES DEL EXPERIMENTO | VARIABLE DEPENDIENTE | |
| | VARIABLE INDEPENDIENTE | |
| | VARIABLES DE CONTROL | |
| DISEÑO EXPERIMENTAL | | |
| ANÁLISIS DE LOS RESULTADOS | | |
| CONCLUSIONES | | |

QR

# Imágenes del libro

# Sobre las autoras

## Cristina Valls Bautista

 Cristina Valls Bautista (6 de marzo de 1979, Barcelona) es licenciada en Biología por la Universidad Autónoma de Barcelona y doctorada en Biología por la Universidad de Lleida. Profesora del departamento de Bioquímica y Biotecnología de la Universidad Rovira i Virgili desde 2007. Ha impartido clases en los grados de la Facultad de Química y Enología y a partir de 2012, es profesora en el área de la didáctica de las ciencias experimentales en los grados de educación de la Facultad de Ciencias de la Educación y Psicología. Miembro del grupo de investigación ARGET (URV) con el cual ha participado en proyectos de investigación e innovación educativas. Ha publicado más de 50 artículos relacionados con indagación, gamificación, pensamiento computacional, programación y robótica educativa entre otros. Es coautora del libro "Ciencia low cost: Guia práctica de actividades indagatorias sobre ciencias de la vida para secundaria" del Editorial Graó.

# Anna Borrull Riera

Anna Borrull Riera (3 de diciembre de 1987, Tarragona) es licenciada y doctorada en Biotecnología por la Universidad Rovira i Virgili (Tarragona). Des de 2015 es profesora del departamento de Bioquímica y Biotecnología de la URV, en el área de didàctica de las ciencias experimentales en los grados de Educación y en el Máster de formación del profesorado de Educación secundaria y Bachillerato. Desde 2021 es profesora de secundaria del colegio Sant Pau Apòstol (Tarragona), coordinadora pedagógica del ámbito científico y jefa del departamento de ciencias. Dirige actividades divulgativas para alumnado de educación secundaria y realiza tareas de difusión de la ciencia. Miembro del grupo de investigación ARGET (URV), ha participado en proyectos sobre tecnología educativa, pensamiento computacional, robótica y programación. Es coautora del libro "Ciencia low cost: Guia pràctica de actividades indagatorias sobre ciències de la vida para secundaria" de Editorial Graó y otras publicacions relacionades con la didàctica de la ciència.

# María Isabel Araque Granados

Isabel Araque Granados (1 de septiembre de 1977, Pamplona (Colombia)) es Microbióloga porla Universidad de Pamplona (Colombia) y doctora en Bioquímica y Biotecnología por la Universidad Rovira i Virgili (Tarragona), donde desarrolla su carrera investigadora en Biotecnología Enológica. Por otra parte, ha sido profesora en la universidad de Pamplona, donde impartió docencia de asignaturas relacionadas con biología, microbiología, inmunología y parasitología. Ha implementado proyectos de mejora en empresas de alimentos, por lo cual obtuvo un reconocimiento como mejor investigador joven en Colombia. Ha impartido charlas en cursos de doctorado y máster en la Universidad Rovira i Virgili, así como presentaciones orales en congresos especializados. Ha publicado diversos artículos científicos en revistas y libros especializados. Habitualmente imparte charlas en colegios como mentora en el proyecto Inspira STEAM, así como talleres de laboratorio dirigidos para niños de primaria. en cursos de doctorado y máster en la Universidad Rovira i Virgili, así como presentaciones orales en congresos especializados. Ha publicado diversos artículos científicos en revistas y libros especializados.